Bestell-Nr.: RKW 5012

© 2017 by Kawohl Verlag, 46485 Wesel
Verlag für Jugend und Gemeinde
Alle Rechte vorbehalten

Titelfoto: Getty Images / Dutko
Herz-Rahmen-Illustration: Getty Images / anfisa_focusova
Lektorat, Satz und Umschlaggestaltung: RKW / J. Dörr
Korrektorat: Inge Frantzen
Druck und Verarbeitung:
Drukarnia Dimograf, Bielsko-Biała, Polen

ISBN 978-3-86338-012-0   www.kawohl.de

Wolfgang Kraska

War das
schon alles
mit uns
beiden?

Anstöße zum Weiterlieben

kawohl

Inhaltsverzeichnis

III Die Herausforderung bewältigen –
Ehekrisen, das Normalste von der Welt

IV Ans Ziel kommen –
„Bis der Tod uns scheidet"

V Anhang
Tiefer einsteigen – Antworten auf spezielle Fragen

Vorwort – oder für wen dieses Buch geschrieben ist

„Jeder 60-Jährige hat mehr Sex als wir!"

Dieser Satz stammt von einem etwa 30-jährigen Mann – nennen wir ihn einmal Daniel – der mit seiner Frau seit Monaten nur noch um das gemeinsame Kind rotierte. Aber damit hatte er nur die Spitze des Eisbergs beschrieben. Es war der Ausdruck einer allgemeinen Ernüchterung und Frustration. So hatte er sich die Ehe jedenfalls nicht vorgestellt. Und Stefanie auch nicht. Dabei hatten die beiden sich keineswegs Illusionen gemacht. Irgendwie war ihnen schon klar, dass sich ihr Miteinander in den Monaten nach der Hochzeit deutlich verändern würde. Woche für Woche den Alltag miteinander zu teilen, war etwas anderes, als gemeinsam die Freizeit zu gestalten, miteinander zu flirten und Party zu machen. Das Studium war vorbei und sie waren froh, einen ordentlichen Job gefunden zu haben. Der kostete aber mehr Kraft, als sie gedacht hatten, und wenn sie nach Hause kamen, waren sie ganz schön müde. Da blieben oft nur noch das Sofa und der Fernseher. Wie ein altes Ehepaar. „Wie unsere Eltern!", hatten sie manchmal selbstironisch gesagt.

Und dann auch noch ein Kind!

Doch es sollte noch schwieriger werden. Als Ben geboren wurde, waren Daniel und Stefanie überglücklich. Er war ein Wunschkind. Aber schon nach kurzer Zeit merkten sie, dass sie trotz Elternzeit fast keine Zeit mehr füreinander hatten. Alles drehte sich nur noch um das Kind. Freunde luden sie übers Wochenende zum Zelten ein. Nein, das ging leider nicht. Wegen Ben. Abends mal ins Kino gehen – das war ein Riesending. Ben akzeptierte nämlich längst nicht jeden Babysitter. Und der Babysitter hatte seine eigenen Termine und musste auch eigentlich schon um 22.00 Uhr nach Hause. Und die Gemeinde? Früher hatten sie intensiv mitgearbeitet und sich gerne engagiert. Aber daran war im Moment gar nicht zu denken. Das Wochenziel hieß schlicht „überleben". Da war es wenig hilfreich, wenn im Gottesdienst wieder einmal betont wurde, dass wir nicht nur für uns selbst leben, sondern uns in Gottes Sache investieren sollten. Das war ja richtig. Aber es passte einfach nicht zu ihrer derzeitigen Situation.

Ist dies die Ehe, die Gott uns versprochen hat?

Ich kenne viele Paare wie Daniel und Stefanie. Christen, denen die Ehe heilig und wichtig ist. Im Vorfeld der Hochzeit haben sie mit anders denkenden Freunden darüber diskutiert, ob es überhaupt nötig ist zu heiraten und warum sie es trotz der Einwände tun wollten. Einschließlich kirchlicher Trauung. Aber inzwischen sind sie doch ernüchtert und deutlich stiller geworden, wenn es um den Wert der Ehe geht. Auch die Verheißungen Gottes und die biblische Sicht von Ehe sind inzwischen weit weg – ja vielleicht sogar fragwürdig geworden angesichts des manchmal nervtötenden Alltags. Jedenfalls sind die Freude und der Glanz des Anfangs längst auf der Strecke geblieben. Frustriert fragen sie sich: Geht das jetzt immer so weiter? Ist es das, was Gott uns versprochen hat? War das schon alles mit uns beiden? Ob mit oder ohne Kind, ob Ende 20 oder Mitte 40 – das ist nicht das Entscheidende. Der Ehefrust nach ein paar Jahren hat viele unterschiedliche Gesichter.

Anstöße zum Weiterlieben aus der Bibel

Für Paare wie Daniel und Stefanie ist dieses Buch gedacht. Ich gehe davon aus, dass ihr weder die Zeit noch die Energie habt, dicke Bücher zu lesen. Deshalb ist dieses bewusst klein und handlich. Es soll ein Impulsgeber für den Alltag sein und euch ermutigen, dranzubleiben und die vielfältigen Farben eurer Ehe neu oder wieder zu entdecken. Das Buch will die Sicht für eure Ehe erneuern und euch „Anstöße zum Weiterlieben" geben. Und das vom Glauben und von der Bibel her. Aber natürlich kann man es auch mit Gewinn am Anfang der Ehe lesen – oder sich zur Hochzeit schenken lassen.

Was ihr in der Hand haltet, ist aber nicht einfach ein Ehe-Ratgeber. Davon gibt es schon viele. Dieses Buch hat einen besonderen theologischen Ansatz, der es spannend macht – finde ich. Wir sind es ja gewohnt, alles von uns Menschen her zu sehen. Es ergeben sich aber ganz neue Perspektiven, wenn wir konsequent von Gott her denken und fragen: Warum ist ihm unsere Ehe überhaupt wichtig? Was ist sein Interesse dabei, und was hat er sich bei ihrer Erfindung gedacht? Aber natürlich geht es nicht nur um Theologie. Auch im vorliegenden Buch gibt es selbstverständlich den einen oder anderen konkreten Tipp. Außerdem findet ihr – insbesondere bei den eher praktischen Fragen ab Kapitel 9 – auch immer Anregungen zum weiteren Nachdenken und zum Gespräch. Eben „Anstöße zum Weiterlieben". Lasst euch überraschen. Es gibt Spannendes zu entdecken – und Herausforderndes anzupacken. Seid ihr bereit?

I Die Idee verstehen –
Was Gott sich bei der Ehe gedacht hat

1 „Lasst uns Menschen machen!"

Nach welchem Muster strickt ihr eigentlich an eurer Ehe? Oder braucht man dafür überhaupt keine Vorlage, keine Vorstellung, wie das Projekt nach ein paar Jahren einmal aussehen soll? Reicht es, einfach drauflos zu lieben und mal zu schauen, wie es wird? – Vermutlich haben wir alle irgendein Modell vor Augen, bewusst oder unbewusst. Manchmal ist es das Vorbild der Eltern, die es ja auch irgendwie mehr oder weniger gut hingekriegt haben. Oder es sind Paare aus dem Freundeskreis, die einigermaßen zufrieden und glücklich wirken. Oder es sind die vielen Geschichten und Bilder aus den Filmen und Magazinen, die unsere Träume und Sehnsüchte prägen. Manchmal ist es auch nur die Abgrenzung von solchen Vorbildern. So wie die Eltern oder das Pärchen im Bekanntenkreis wollen wir auf gar keinen Fall sein! Wir machen es anders. Wir erfinden die Ehe neu. Aber wie? – Es gibt ein sehr einleuchtendes und zudem einfaches Muster, ein Modell, an dem wir uns orientieren können. In diesem Buch will ich es euch vorstellen und beschreiben. Es ist Gottes Modell.

Ihr denkt, wie Gott die Ehe sieht, wisst ihr längst? Seid ihr euch da sicher? Für mich selbst jedenfalls waren die Einsichten, die ich vor allem im ersten Teil des Buches weitergebe, eine echte Entdeckung, die ich erst vor ein paar Jahren gemacht habe. Und das, obwohl ich mich seit Jahrzehnten als Ehemann und Theologe mit dem Thema Ehe auseinandersetze. Ich will nicht behaupten, ich sei der Erste und Einzige, der diese Entdeckung gemacht hat. Aber ich habe bisher nirgends davon gelesen, und deshalb denke ich, dass der Ansatz, den ich euch zeige, auch für euch neu sein wird. Gottes Modell der Ehe ist nämlich nicht nur seine Idee, eine Theorie, die er für uns ersonnen hat. Sie ist vielmehr ein Muster, das er selbst lebt, das seinem eigenen Wesen entspricht und in das er uns hineinnehmen will. Machen wir uns auf den Weg, das Geheimnis zu lüften.

Ein merkwürdiger Plural

Wir werden uns vermutlich schnell darauf verständigen können, dass Gott der Erfinder der Ehe ist. Er ist der Schöpfer von uns Menschen und erschafft uns als Mann und Frau. Anschließend gibt er uns etwas mit auf den Weg, das gleichzeitig eine Zusage und ein Auftrag ist: „Seid fruchtbar und vermehrt euch! Füllt die ganze Erde und nehmt sie in Besitz." (1. Mose 1,28) Was das unter sozialen Aspekten bedeutet, wird in 1. Mose 2,24 angesprochen: „Deshalb verlässt ein Mann Vater und Mutter, um mit seiner Frau zu leben. Die zwei sind dann eins, mit Leib und Seele." Damit scheint alles gesagt zu sein. Ist es aber nicht! Denn das eigentliche Geheimnis der Ehe haben wir damit noch lange nicht entdeckt.

Wir kommen dem Geheimnis auf die Spur, wenn wir noch einen Schritt zurückgehen, vor die Erschaffung des Menschen, und uns Gottes Vorüberlegungen dazu anschauen. Dann begegnen wir einem geheimnisvollen Satz: „Nun wollen wir Menschen machen, ein Abbild von uns, das uns ähnlich ist!" (1. Mose 1,26)

Seit eh und je sind Theologen wie Bibelleser über den Plural gestolpert. Wir erachten es als mehr oder weniger selbstverständlich, dass Gott der Vater bei der Erschaffung des Menschen am Werk ist. Die Frage lautet aber, wer ist denn dieser „Gott" wirklich, der hier als Schöpfer tätig wird? Es ist ein Gott, der von sich selbst im Plural spricht. Es ist niemand anders als der Gott, über den wir aus dem Neuen Testament wissen, dass er dreieinig ist.

Vater, Sohn und Geist erschaffen den Menschen

Es ist wichtig zu verstehen, dass Gott schon immer dreieinig ist, es also vom Beginn der Welt an war. Die Information über Gottes „Trinität" erfolgt zwar erst im Neuen Testament, die Tatsache als solche besteht aber schon immer. Gott ist ewig und in sich unveränderlich. Er ist im Neuen Testament kein anderer als zu Zeiten Abrahams. Wir wissen nur mehr über ihn. So können wir vom Neuen Testament aus den geheimnisvollen Satz „Lasst uns Menschen machen", wie er bei Luther übersetzt wird, besser verstehen, als die Hörer zur Zeit des Alten Testaments.

> *Der Dreieinigkeit Gottes entspricht die Zweieinigkeit des Menschen. Das Miteinander von Mann und Frau soll ein Abbild des Miteinanders von Vater, Sohn und Heiligem Geist sein.*

☞ *Um den Gedankengang an dieser Stelle nicht zu komliziert zu machen, habe ich die Hintergründe dafür in den Anhang, Kapitel 29 ausgelagert: „Dreieinigkeit? – Versteh ich nicht!"*

Wichtig ist: Wir werden in 1. Mose 1,26 Zeuge dessen, wie der dreieine Gott mit sich selbst kommuniziert. Vater, Sohn und Geist beraten und beschließen gemeinsam, den Menschen zu schaffen. Und ganz wichtig: Dieser Mensch soll ein Abbild sein, „das uns (Plural!) ähnlich ist".

Der Mann alleine reicht nicht aus

Das führt uns zur nächsten Entdeckung: Wie sieht denn der Mensch aus, den Gott schafft? Dazu finden wir im ersten Kapitel der Bibel zunächst einen Überblick über die gesamte Schöpfung und darin enthalten eine Grundaussage über die Erschaffung des Menschen: „So schuf Gott die Menschen nach seinem Bild, als Gottes Ebenbild schuf er sie und schuf sie als Mann und als Frau." (1. Mose 1,27) Mit diesem Ergebnis ist Gott hochzufrieden: „Und Gott sah alles an, was er geschaffen hatte, und sah: Es war alles sehr gut." (1. Mose 1,31) Im zweiten Kapitel des ersten Buches Mose wird uns speziell die Schöpfung des Menschen noch einmal ausführlich geschildert. Viele Theologen sprechen von einem „zweiten Schöpfungsbericht". Wichtiger als die Frage, wie es zu diesen zwei Texten gekommen ist, scheint mir das Anliegen zu sein, das dahinter steckt:

Es geht darum, uns tiefere, grundlegende Informationen über das Wesen des Menschen zu vermitteln. Ich verstehe 1. Mose 2 als eine Zoomaufnahme aus dem Gesamtbild von 1. Mose 1. Sie lässt entscheidende weitere Details erkennen, wie es zur Erschaffung von Mann und Frau gekommen ist und was Gott dabei bewegt hat. Zu diesen Details gehört, dass Gott zunächst nur den Mann erschaffen hat. Aber dieses Zwischenergebnis ist noch unbefriedigend. Der dreieine Gott sagt sich: „Es ist nicht gut, dass der Mensch so allein ist. Ich will ein Wesen schaffen, das ihm hilft und das zu ihm passt." (1. Mose 2,18) Das heißt: Der Mann allein reicht nicht. Erst zusammen mit der Frau bildet er den Menschen. Und dieses Endergebnis ist, wie wir bereits wissen, „sehr gut"! Gott hat also von Anfang an das Wohl des Menschen vor Augen: Allein sein ist nicht gut. Das Zusammenleben von Mann und Frau in der Ehe ist deshalb eine fürsorgliche Maßnahme Gottes, mit der er Adams Leben bereichern und erleichtern will.

Es gibt aber noch einen weiteren, vielleicht sogar wichtigeren Aspekt, und der betrifft Gott selbst. Er will ja, wie wir gesehen haben, ein Wesen schaffen, „das uns ähnlich ist". Also ein Geschöpf, das Gottes eigene Dreifaltigkeit abbildet. Und das kann ein Mensch, der aus nur einem Geschlecht besteht, nicht wirklich tun. Ein Plural ist nötig, weil Gott selbst diesen Plural in sich trägt. Auf den Punkt gebracht heißt das dann: Der Dreieinigkeit Gottes entspricht die Zweieinigkeit des Menschen. Das Miteinander von Mann und Frau soll ein Abbild des Miteinanders von Vater, Sohn und Heiligem Geist sein.

Genau hier liegt der Schlüssel, um Gottes Idee von Ehe zu verstehen. Und wir werden sehen, dass hier auch ein hilfreicher Ansatz für die Gestaltung unserer eigenen Ehe ist. Denn wir können einiges davon lernen, wie die drei Personen Gottes, der Vater, der Sohn und der Geist, miteinander umgehen und dabei eins sind.

Dann sprach Gott:

„Nun wollen wir Menschen machen,
ein Abbild von uns, das uns ähnlich ist!"

So schuf Gott die Menschen
nach seinem Bild,
als Gottes Ebenbild schuf er sie
und schuf sie als
Mann und als Frau.

1. Mose 1,26-27

2 Ein kommunizierender Gott

Das tiefste Geheimnis, das Gott uns über sein eigenes Wesen verrät, lautet, dass er Liebe ist (1. Johannes 4,16). Gott ist in sich Liebe. Liebe aber ist ein Beziehungsbegriff, der ein Gegenüber voraussetzt. Wir denken vielleicht sofort daran, dass Gott uns Menschen liebt. Aber das ist nicht der Kern. Gott wäre auch Liebe, wenn es keine Menschen gäbe. Und er war bereits Liebe, bevor er den Menschen erschaffen hat. Wir kommen dem Geheimnis der Liebe Gottes näher, wenn wir ernst nehmen, dass Gott dreieinig ist. Wir haben beim Schöpfungsbericht gesehen: Der Vater, der Sohn und der Heilige Geist kommunizieren miteinander. Und nun entdecken wir, dass die Qualität ihrer Kommunikation „Liebe" ist. Das hat Konsequenzen für uns. Gott möchte schließlich, dass der Mensch, den er erschafft, sein Abbild ist. Dazu gehört, dass auch der Mensch – bestehend aus Mann und Frau – wie Gott selbst ein in Liebe kommunizierendes Wesen ist. Wie grundlegend dieses Anliegen ist, wird daran deutlich, dass sich der Schöpfungsbericht diesem Aspekt ausführlich zuwendet.

Adam braucht ein echtes Gegenüber

Blenden wir noch einmal zurück – Gott, der Herr, dachte: „Es ist nicht gut, dass der Mensch so allein ist. Ich will ein Wesen schaffen, das ihm hilft und das zu ihm passt." (1. Mose 2,18) Adam braucht ein Gegenüber. Aber die Tiere – so ungefährlich und zutraulich sie im Paradies auch gewesen sein mögen – können das nicht sein. Deshalb stellt Gott Adam seine Frau an die Seite. Erfreut ruft der aus: „Endlich! Sie ist's! Eine wie ich!" (1. Mose 2,23)

Was fehlt den Tieren eigentlich? Warum können sie nicht das Gegenüber sein, das Adam braucht? – Sie stehen nicht auf der gleichen Ebene wie Adam und können deshalb nicht auf

Augenhöhe mit ihm kommunizieren. Dabei besteht der Unterschied nicht nur in den begrenzten Fähigkeiten, sich zu artikulieren. Wichtig ist auch eine deutliche Unterordnung der Tiere unter den Menschen. Der Mensch soll über die Tiere herrschen (1. Mose 1,28). Das wird auch daran deutlich, dass Adam den Tieren ihre Namen geben soll (1. Mose 2,19). Kommunikation in Liebe ist aber nur unter Gleichgestellten möglich.

Ganz anders hingegen verhält es sich bei der Frau. So wie der Vater, der Sohn und der Geist untereinander gleichwertig sind, so stehen auch Mann und Frau untereinander auf derselben Ebene. Auch hier ist die Namensgebung bedeutungsvoll. Erst nach dem Sündenfall wird Adam selbst aktiv und nennt seine Frau Eva (1. Mose 3,20). Im Paradies aber beschreibt Adam lediglich, was er vorfindet: „Ischa". So wird die Frau im Hebräischen genannt. Sie heißt somit ganz ähnlich wie der Mann, der „Isch" (1. Mose 2,23). Luther hat in seiner Übersetzung der Bibel versucht, dieses hebräische Wortspiel mit den Begriffen Mann und Männin wiederzugeben.

Für das Thema dieses Buches bedeutet das: Mann und Frau sind dazu bestimmt, auf Augenhöhe und in Liebe miteinander zu kommunizieren. Sie sollen so miteinander umgehen, wie Vater, Sohn und Geist selbst miteinander umgehen. Gerade in ihrem liebevollen Miteinander und in ihrer Kommunikation sind Mann und Frau Gottes Ebenbild. Denn Gott wollte ein Geschöpf kreieren, das wie er selbst in Liebe kommuniziert. Dieses Miteinander von Mann und Frau heißt „Ehe".

Ohne Kommunikation geht es nicht

Die Ehe besteht also in der umfassenden Kommunikation zwischen Mann und Frau. Dabei meint Kommunikation natürlich weit mehr, als miteinander zu reden. Ihr Ziel ist es, zu einem Austausch zu kommen und dadurch eins zu werden im Denken und Handeln. So wie es von Gott selbst berichtet wird. Wie das konkret aussehen kann, wird uns in den folgenden Kapiteln noch ausführlich beschäftigen.

Diese Kommunikation findet auf verschiedenen Ebenen statt und äußert sich auf vielfältige Weise. Körper und Seele sind genauso betroffen wie der Geist, der uns eine Beziehung zu Gott ermöglicht. Sexualität und Meinungsaustausch gehören dazu, aber auch die Erfahrung, gemeinsam Gott zu begegnen. Die Kommunikation in diesem weiten Sinne ist also nicht eine wünschenswerte Zutat zum Gelingen der Ehe. Sie ist vielmehr ihr Inhalt. Ehe ist Kommunikation: Ein Mann und eine Frau haben Gemeinschaft in allen Dingen, und das ein Leben lang.

> *Kommunikation ist nicht eine wünschenswerte Zutat zum Gelingen der Ehe. Sie ist vielmehr ihr Inhalt. Ehe ist Kommunikation.*

So war es zumindest in der Grundkonzeption gedacht. Aber leider leben wir nicht mehr im Paradies. Seit dem Sündenfall sind alle Bereiche des Lebens von der Bosheit und Orientierungslosigkeit des Menschen betroffen. Selbstverständlich gilt das auch für die Ehe. Deshalb ist das Miteinander zwischen Mann und Frau so kompliziert und gelingt die Ehe keineswegs mehr von selbst. Trotzdem dürfen wir das ursprüngliche Bild von Ehe nicht aus dem Blick verlieren. Ähnlich wie beim Hausbau gilt: Je genauer man den ursprünglichen Zustand kennt, desto besser kann man ein vernachlässigtes und beschädigtes Gebäude restaurieren. Auch wenn der Urzustand nie wieder ganz hergestellt werden kann, lohnt es sich, die Unterlagen – in diesem Fall den Schöpfungsbericht – zu studieren. Es wird sich in der Qualität der Ehe auszahlen.

Was bedeutet das für Singles?

An dieser Stelle bricht vielleicht auch die Frage auf, was das für Singles bedeutet. Sind sie nicht Ebenbild Gottes, weil sie keinen Partner haben? Auch hier finden wir zu einer Antwort, wenn wir ernst nehmen, dass wir nicht mehr im Urzustand des Paradieses leben. Für das Paradies wird uns in der Tat nichts anderes berichtet als die Partnerschaft von Mann und Frau. Aber nach dem Verlust des Paradieses gibt es eine Vielzahl von negativen Konsequenzen, die wir alle – Ehepaare wie Singles – tragen müssen. Frust und Streit zwischen Ehepartnern gehören genauso dazu wie die Not des Alleinbleibens. Singles erleben auf ihre eigene Weise die Tatsache, dass wir „jenseits von Eden" leben. Aber wie Paare auch sollen und können sie in ihren spezifischen Rahmenbedingungen Kommunikation, Freundschaft, Beziehung und Gemeinschaft leben und damit zeigen, „wie Gott ist". Doch das wäre ein eigenes Thema, auf das ich hier nicht näher eingehen kann.

„Es ist nicht gut,
dass der Mensch so allein ist.

Ich will ein Wesen schaffen,
das ihm hilft und
das zu ihm passt."

1. Mose 2,18

3 Eins sein, ohne die Unterschiede aufzugeben

Mann und Frau sind total unterschiedlich – aller Gender-Diskussion unserer Tage zum Trotz. Und doch sollen sie – gerade mit dieser Unterschiedlichkeit – eine völlige Einheit bilden. Genau das meint die Aussage „Sie werden ein Fleisch sein" (1. Mose 2,24 nach Luther). Dabei geht es um weit mehr als die sexuelle Vereinigung. Der Geschlechtsakt ist nur eine Auswirkung unter mehreren. Es geht darum, die Unterschiedlichkeit in allen Bereichen so zu koordinieren, dass dabei etwas Positives und Harmonisches entsteht, anstatt dass Mann und Frau sich damit verletzen und bekämpfen. Es geht um mehr, als nur um einen Kompromiss oder gar die Verleugnung des eigenen Wesens und der eigenen Bedürfnisse. Mann und Frau müssen und sollen ihre Unterschiedlichkeit keineswegs aufgeben. Auch sie ist ja Teil der Ebenbildlichkeit Gottes und gehört zu dem, was die beiden Partner glücklich sein lässt. Das Ziel ist die Koordination der Unterschiedlichkeit.

> *Mann und Frau müssen und sollen ihre Unterschiedlichkeit keineswegs aufgeben.*
> *Auch sie ist ja Teil der Ebenbildlichkeit Gottes.*

Keine Spur von Neid oder Konkurrenz

Ich möchte in diesem Buch möglichst konsequent von Gott her denken. Deshalb gehen wir der Frage nach: Wie macht Gott das eigentlich? Wie gelingt die Harmonie zwischen Vater, Sohn und Geist, von der wir gelesen haben? Da die sichtbare, menschliche Seite Gottes in der Person von Jesus besteht, steht er in den Evangelien natürlich im Vordergrund. Wir hören ihn reden und sehen ihn handeln, und doch sind die anderen Seiten Gottes immer mit dabei. Jesus ist immer „zu dritt unterwegs", auch wenn das nicht ausdrücklich gesagt wird.

Sehr schön wird das in der Taufe von Jesus deutlich (Matthäus 3,13-17), wo die Stimme des Vaters zu hören ist und der Heilige Geist in Gestalt einer Taube dazu kommt. Anschließend ist es der Heilige Geist, der Jesus in die Wüste führt und begleitet, damit er dort vom Teufel versucht wird (Lukas 4,1-13). Nachdem diese wichtige und nötige Hürde genommen ist, heißt es, dass Jesus „erfüllt mit der Kraft des Heiligen Geistes" nach Galiläa zurückkehrt und dort zu wirken beginnt (Lukas 4,14). Selbst die Auswahl der Jünger hat er nach Apostelgeschichte 1,2 in Rücksprache mit dem Heiligen Geist vorgenommen. Der Heilige Geist wiederum will keine eigene Verehrung, sondern unterstützt Jesus, indem er an seine Worte erinnert und deutlich macht, wer Jesus ist (Johannes 14,26 & 15,26).

Ganz ähnlich ist die Beziehung Jesu zum Vater. So betont er beispielsweise: „Was ich zu euch gesprochen habe, das stammt nicht von mir. Der Vater, der immer in mir ist, vollbringt durch mich seine Taten. Glaubt mir: Ich lebe im Vater und der Vater in mir." (Johannes 14,10-11) Nirgends gibt es im Neuen Testament eine Spur von Konkurrenz oder Neid zwischen den Dreien.

Gott ist Liebe

Der Grund für diesen Umgang miteinander liegt im „Charakter" Gottes begründet. Es lässt sich mit einem einfachen Begriff ausdrücken, den wir alle zu kennen meinen: Liebe. Wir haben bereits im vorigen Kapitel gesehen, dass das innere Geheimnis des dreieinigen Gottes auf die ganz knappe Formel gebracht werden kann: Gott ist Liebe (1. Johannes 4,16). Weil es so zentral ist, will ich hier noch einmal betonen: Diese Formulierung besagt mehr, als dass Gott uns liebt und nicht anders kann, als uns zu lieben. Der Satz macht eine Aussage über das innere, ureigenste Wesen Gottes: Gott ist Liebe! Dabei geht es allerdings um eine besondere Form der Liebe, die Agape. Sie ist etwas Außerirdisches, für uns Fremdes. Etwas aus Gottes Welt, das uns zunächst einmal nicht zur Verfügung steht. Die Agape bezeichnet die Art, wie der Vater, der Sohn und der Geist miteinander umgehen und zueinander stehen.

Den Sündenfall ignorieren?

Diese Agape will Gott auch für unser Miteinander. Doch wie soll das gehen? Es fällt nicht schwer, sich vorzustellen, dass Adam und Eva im Paradies ebenfalls in der Lage waren, sich gegenseitig mit dieser Liebe zu begegnen. Aber seit dem Sündenfall ist das ja nicht mehr möglich. Alle Bereiche der Schöpfung haben Schaden genommen, und selbstverständlich gilt das auch für die Liebesfähigkeit von Mann und Frau. Die Welt ist nun einmal so, wie sie heute ist. Und wir müssen versuchen, so gut wir es können, darin zurechtzukommen. Es ist naheliegend, so zu denken und sich damit abzufinden. Aber Jesus tut das nicht. Er gibt sich nicht mit den pragmatischen Notlösungen zufrieden, die er in der jüdischen Gesellschaft vorfindet. Vielmehr setzt er bei dem an, wie es im Anfang, also vor dem Sündenfall, war. Das wollen wir uns im nächsten Kapitel näher anschauen.

Gott ist Liebe.
Wer in der Liebe lebt,
lebt in Gott
und Gott lebt in ihm.

1. Johannes 4,16

4 Kann das denn heute noch gelingen?

Früher war alles viel einfacher, hört man manchmal. Auch mit der Ehe. Die Medien waren noch nicht so erotisiert und es gab nicht so viele Versuchungen. Die biblischen Vorgaben wurden eher akzeptiert. Durch den Druck der Gesellschaft und den engen Zusammenhalt in den Familien gab es hohe Hürden, aus der Ehe auszusteigen. Ob das wirklich immer besser war, darf man durchaus bezweifeln. Denn sicher haben viele Paare einfach bis zum bitteren Ende ausgeharrt, ohne dass die Ehe noch gelebt wurde und diese Bezeichnung verdient hätte. Aber es geht nicht darum, dass es mit den Ehen wieder wie früher wird. Es geht um etwas Besseres, das noch viel weiter zurückliegt, nämlich die ursprüngliche Konzeption von Ehe, wie Gott sie am Anfang im Paradies für uns vorgesehen hatte.

Zurück zu Gottes ersten Plänen

In Matthäus 19 wird von einer interessanten Diskussion berichtet, die Jesus mit seinen Gegnern, den Pharisäern, geführt hat. Es geht dabei um das Thema Ehescheidung. Die Gegner von Jesus wollen von ihm wissen, ob die übliche Praxis, sich von seiner Frau aus jedem beliebigen Grund scheiden zu lassen, vor Gott in Ordnung sei. Wohlgemerkt: das Thema ist nicht etwa, ob Scheidung überhaupt möglich sei, sondern nur der Umfang der legitimen Gründe. Die Pharisäer verweisen zur Legitimierung der Scheidung auf die von Mose geschaffene Lösung eines „Scheidebriefes". Der brachte immerhin klare Verhältnisse für die Frau und dokumentierte, dass sie wieder ungebunden war. Das war eine pragmatische Notlösung, mit der vor allem die Männer gut leben konnten. Aber Jesus geht gar nicht auf Kultur und Tradition ein. Insbesondere lässt er sich nicht auf Einzelfälle ein, wann eine Scheidung legitim ist und wann nicht. Vielmehr geht er zurück zum Urzustand und zu den ursprünglichen Absichten Gottes: „Habt ihr nicht gelesen, was in den Heiligen Schriften steht? Dort heißt es, dass Gott am Anfang den Menschen als Mann und Frau geschaffen hat. Und er hat gesagt: ‚Deshalb verlässt ein Mann Vater und Mutter, um mit seiner Frau zu leben. Die zwei sind dann eins, mit Leib und Seele.' Sie sind also nicht mehr zwei, sondern eins. Und was Gott zusammengefügt hat, sollen Menschen nicht scheiden." (Matthäus 19, 4-6) Das ist eine klare Ansage.

☞ *Manchmal gibt es vielleicht trotz allem keine andere Lösung als die Scheidung. Aber Jesus findet sich nicht einfach mit den vielen Scheidungen seiner Zeit ab, und wir müssen das auch nicht! Schon gar nicht, wenn es um unsere eigene Ehe geht. – Wenn das Thema Scheidung und Wiederverheiratung für euch besonders relevant und wichtig ist, findet ihr weitere Hinweise dazu im Anhang, im Kapitel 31: „Und wenn dies schon unsere zweite Ehe ist?"*

Thema Nummer 1 ist die Liebe

Aber es bleibt ja die bereits im vorigen Kapitel gestellte Frage: Kann man einfach bei der Schöpfung ansetzen und so tun, als hätte es den Sündenfall nicht gegeben? Nein, wir können das nicht. Aber Jesus kann das. Er ist genau aus diesem Grund in die Welt gekommen, dass wir wieder nach Gottes ursprünglichem Konzept, unter seiner Anleitung und mit seiner Hilfe leben können. Im Blick auf die Ehe bedeutet das: Er will uns trotz des Sündenfalls und seiner Folgen ein Leben der Liebe ermöglichen.

In der ganzen Bibel geht es letztlich um nichts anderes als die Liebe. Die Liebe zu Gott und die Liebe zueinander. Das geht aus einer Antwort hervor, die Jesus einmal den jüdischen Gelehrten

> *In der ganzen Bibel geht es letztlich um nichts anderes als die Liebe. Die Liebe zu Gott und die Liebe zueinander.*

auf eine entsprechende Frage gegeben hat: „Lehrer, welches ist das wichtigste Gebot des Gesetzes?" Jesus antwortete: „Liebe den Herrn, deinen Gott, von ganzem Herzen, mit ganzem Willen und mit deinem ganzen Verstand! Dies ist das größte und wichtigste Gebot. Aber gleich wichtig ist ein zweites: Liebe deinen Mitmenschen wie dich selbst! In diesen beiden Geboten ist alles zusammengefasst, was das Gesetz und die Propheten fordern." (Matthäus 22,36-40).

Ein Stückchen Himmel auf Erden

Jesus will, dass wir Menschen wieder in den Kreislauf der Liebe Gottes zurückkehren. Wer Gott kennt und sich von ihm geliebt weiß, bei dem wird etwas ausgelöst: Wenn ich mich von Gott geliebt weiß, kann ich mich selbst annehmen und lieben. Das verändert mein Leben – meinen Umgang mit mir selbst und auch den Umgang mit meinem Partner. Und selbstverständlich führt es auch zu einem positiven Bild von Gott, sodass ganz natürlich auch wieder Liebe zu Gott zurückfließt. Aus diesem Grund ist es auch möglich, eine Antwort auf die gestellte Frage zu geben: Kann es heute noch gelingen, Gottes Grundidee von Ehe zu verwirklichen? – Die Antwort lautet ganz eindeutig: Ja – mit Gottes Hilfe!

Wie wird das konkret?

Das klingt alles noch sehr theoretisch, ich weiß. Im Folgenden werden wir uns deshalb zwei wesentliche Komponenten anschauen, die Gott nutzt, um seine Konzeption konkret werden zu lassen. Die erste ist ein besonderes, himmlisches Geschenk, die Agape. Wir verfügen zwar nicht selbst über sie, aber Gott stellt sie uns aus dem Himmel heraus zur Verfügung. Um sie geht es in den nächsten beiden Kapiteln.

Die zweite Komponente ist die Tatsache, dass der lebendige Gott uns tagtäglich in Gestalt des Heiligen Geistes begleitet. Konkret und konstruktiv mischt er sich immer wieder in unseren Alltag ein. Wenn wir das denn wollen und ihn darum bitten. Die Kapitel 7 und 8 werden darauf näher eingehen.

Jesus antwortete:

„Habt ihr nicht gelesen,
was in den Heiligen Schriften steht?
Dort heißt es, dass Gott am Anfang
den Menschen als Mann und Frau geschaffen hat.

Mose hat euch die Ehescheidung nur zugestanden,
weil ihr euer Herz gegen Gott verhärtet habt –
und damit eure Hartherzigkeit ans Licht kommt.
Aber das war ursprünglich nicht so."

Matthäus 19,5+8

5 Agape – die Liebe, die aus dem Himmel kommt

Alles dreht sich um das Thema Liebe. Sie ist das Thema Nummer eins. Sehnsucht nach Liebe, Hingabe aus Liebe, verschmähte und enttäuschte Liebe prägen unser Befinden und Handeln. Kein Film, kein Roman, bei dem nicht die Liebe in irgendeiner Form der Motor der Handlung ist. Heldentaten und Morde werden aus Liebe begangen. Und ganz klar, noch mehr als an die schönen Gefühle denken die meisten beim Stichwort Liebe an Sex und Erotik. Aber es gibt noch mehr.

Auch in der Bibel ist Liebe das Thema Nummer eins. 720 Treffer ergibt die Abfrage in einer Computerausgabe der Bibel. Dabei muss man aber wissen, dass es für unser deutsches Wort Liebe in der Sprache des Neuen Testaments, also im Griechischen, drei verschiedene Worte gibt: Eros, Philia und Agape.

Eros muss man wohl nicht groß erklären. Es meint die sexuelle Ausstrahlung und Anziehung, die die Beziehung zwischen Mann und Frau spannend und aufregend macht. Die erotische Anziehung ist etwas Schönes und Wertvolles. Schließlich hat Gott sie geschaffen. Wir verdanken sie der Kreativität Gottes, und wir dürfen sie ohne Krampf und schlechtes Gewissen genießen.

Philia meint die psychische Ebene. Freundschaft, einander Verstehen, Seelenverwandtschaft, sich beim anderen gut aufgehoben wissen, sein Wesen, seine Art und seinen Charakter zu mögen. Dies alles und noch viel mehr gehört dazu. Der Unterschied der beiden Aspekte der Liebe ist wohl vielen vertraut. Und sicher sind sich die meisten auch darin einig, dass beides zu einer guten Ehe gehört. Auf Dauer ist dieses Einander-Verstehen sogar deutlich wichtiger als die erotische Liebe.

Aber dann gibt es noch etwas Drittes. Etwas, das längst nicht jeder kennt, weil es gar nicht unserer Welt entstammt, sondern aus dem Himmel kommt: Die Agape.

Agape ist deutlich schwerer zu erklären, weil sie so ganz und gar nicht unserem natürlichen Wesen entspricht. Agape meint eine für Gott typische Eigenschaft, seinen zentralen „Charakterzug". Damit ist sie ein Wesensmerkmal, zu dem zunächst nur er selbst in der Lage ist. Gottes Agape nimmt den Menschen an, so wie er ist. Nicht wegen seiner Attraktivität oder schöner Gefühle, die das Zusammensein mit ihm auslöst, sondern weil sie in ihm – hinter seiner Fassade – etwas Wunderbares und Wertvolles entdeckt. Der Mensch ist ein Original aus Gottes Werkstatt, Handarbeit des Schöpfers, das er freudig bewegt betrachtet. Auf das Miteinander von uns Menschen übertragen heißt das: Die Agape sieht im anderen einen Wert – unabhängig von dem, was ich von ihm habe. Dieser Aspekt gilt im Übrigen für alle menschlichen Beziehungen und ist natürlich nicht nur auf die Ehe beschränkt. Aber gerade in der Ehe wird er oft vergessen, obwohl er so bedeutsam ist.

Gott gibt uns ab von seiner Agape

Eine wichtige Frage, die ich am Ende des letzten Kapitels gestellt habe, ist bisher noch unbeantwortet. Sie lautet, ob wir Menschen zu dieser Liebe überhaupt fähig sind, wo sie doch aus einer ganz anderen Welt stammt. Dazu gibt es im Neuen Testament eine gute Nachricht: „Die Liebe Gottes ist ausgegossen in unsre Herzen durch den Heiligen Geist, der uns gegeben ist." (Römer 5,5 nach Luther) Das bedeutet: Gott selbst hat uns Anteil gegeben an seinem Wesen. Der Heilige Geist hat es übernommen, diese Liebe in uns zu bewirken. Seit Pfingsten, seit der Heilige Geist in die Welt gekommen ist, ist die Agape auch uns Menschen zugänglich. Gott

> *Gott bietet seinen Leuten an, dass seine himmlische Liebe, die den Umgang zwischen Vater, Sohn und Geist ermöglicht, auch in uns wirkt.*

bietet seinen Leuten an, dass seine himmlische Liebe, die den Umgang zwischen Vater, Sohn und Geist ermöglicht, auch in uns wirkt. Das ist unsere Chance!

Agape kann Eros und Philia nicht ersetzen. Aber sie ist eine Kraft, die die körperliche und seelische Liebe geschmeidig hält und immer wieder von innen heraus erneuert.

☞ *Wenn ihr mehr darüber wissen wollt, wie der Heilige Geist die Agape entstehen lässt, schaut in Kapitel 30 „Die Bedeutung des Heiligen Geistes für die Liebe".*

**„Dass Gott uns liebt,
ist uns unumstößlich gewiss.
Seine Liebe ist ja
in unsere Herzen ausgegossen
durch den Heiligen Geist,
den er uns geschenkt hat."**

Römer 5,5

Anstöße zum Weiterlieben

♡ Woran denkt ihr,
wenn ihr das Wort „Liebe" hört?

♡ Was meinst du, wenn du deinem Partner sagst
„Ich liebe dich"?

♡ Wo habt ihr erlebt, dass Gott euch
einen neuen Blick füreinander geschenkt hat?
Wie hat sich das angefühlt?
Was hat das mit euch gemacht?

♡ Wie könnte euch das grundsätzliche Ja
zum anderen, die Agape, in eurer Ehe
neu beleben?
Wo gibt es noch Lernfelder, die ihr vielleicht
im Laufe der nächsten Zeit angehen solltet?

6 Liebe ohne Illusionen

Ein besonderes Merkmal der Agape ist, dass sie so herrlich nüchtern und realistisch ist. Während Eros und Philia nur die attraktiven Seiten des Menschen im Blick haben, weiß die Agape, dass es sich um einen kantigen, problembeladenen und widersprüchlichen Menschen handelt. Gott weiß, dass wir Sünder sind. Ihm brauchen und können wir nichts vormachen. Und trotzdem liebt er uns. Die im vorigen Kapitel erwähnte Aussage aus Römer 5,5, dass die Liebe Gottes durch den Heiligen Geist in unsere Herzen ausgegossen ist, hat nämlich noch eine interessante Fortsetzung in Vers 8. Sie lautet in der Gute-Nachricht-Bibel: „Wie sehr Gott uns liebt, beweist er uns damit, dass Christus für uns starb, als wir noch Sünder waren." Einen attraktiven, charmanten, rundum liebenswerten Typen zu lieben, ist keine große Sache. So sind wir aber nicht, zumindest wenn wir genauer hinschauen und ehrlich sind. Gott schaut genau hin und stellt fest, dass wir Sünder sind. Das hält ihn aber nicht davon ab, uns von Anfang an zu lieben. Gott selbst liebt uns mit und trotz allem, was uns disqualifiziert und als Gegenüber unattraktiv macht. Und er verändert uns gerade dadurch zum Positiven. So funktioniert Liebe nach seiner Vorstellung.

> *Gott schaut genau hin und stellt fest, dass wir Sünder sind. Das hält ihn aber nicht davon ab, uns von Anfang an zu lieben.*

Himmlische Poesie

Nirgends wird diese Form der Liebe so tief und zugleich so schön beschrieben wie im ersten Korintherbrief. Der folgende Text ist der Gute Nachricht Bibel entnommen. Dabei habe ich das dort gebrauchte Wort „Liebe" durch den im griechischen Urtext verwendeten Begriff „Agape" ersetzt.

Wenn ich die Sprachen aller Menschen spreche und sogar die Sprache der Engel, aber ich habe keine Agape – dann bin ich doch nur ein dröhnender Gong oder eine lärmende Trommel.

Wenn ich prophetische Eingebungen habe und alle himmlischen Geheimnisse weiß und alle Erkenntnis besitze, wenn ich einen so starken Glauben habe, dass ich Berge versetzen kann, aber ich habe keine Agape – dann bin ich nichts.

Und wenn ich all meinen Besitz verteile und den Tod in den Flammen auf mich nehme, aber ich habe keine Agape – dann nützt es mir nichts.

Die Agape ist geduldig und gütig. Die Agape eifert nicht für den eigenen Standpunkt, sie prahlt nicht und spielt sich nicht auf.

Die Agape nimmt sich keine Freiheiten heraus, sie sucht nicht den eigenen Vorteil. Sie lässt sich nicht zum Zorn reizen und trägt das Böse nicht nach.

Sie ist nicht schadenfroh, wenn anderen Unrecht geschieht, sondern freut sich mit, wenn jemand das Rechte tut.

Die Agape gibt nie jemand auf, in jeder Lage vertraut und hofft sie für andere; alles erträgt sie mit großer Geduld.

Niemals wird die Agape vergehen.

Auch wenn alles einmal aufhört – Glaube, Hoffnung und Agape nicht. Diese drei werden immer bleiben; doch am höchsten steht die Agape.

1. Korinther 13,1-8+13

So schön und poetisch der Text ist, sagt er indirekt aber auch eine Menge über unsere dunklen Seiten aus: Eigentlich und von Natur aus sind wir ungeduldig und wenig gütig. Wir eifern für unseren eigenen Standpunkt, prahlen und spielen uns gerne auf. Wir suchen oft den eigenen Vorteil, werden schnell zornig und sind anschließend noch lange nachtragend oder schadenfroh. Wie schnell geben wir jemanden auf, weil wir in ihm nur das Negative sehen. So sind wir – auch als Eheleute. All diesen Eigenarten sind wir ausgeliefert, wenn die Agape nicht dazwischenkommt und Alternativen eröffnet. Unglaublich, was die Agape aus einer Beziehung machen kann!

Anstöße zum Weiterlieben

Auf der nächsten Seite habe ich die Verse 4 bis 7 zu Aussagen über eure Ehe umformuliert. Geht sie Stück für Stück durch und fragt euch: Wie weit beschreibt der Satz die Realität in unserer Ehe? Auf einer Skala von 1 (Stimmt genau!) bis 6 (Stimmt ganz und gar nicht!) könnt ihr dazu jeweils Stellung nehmen. Neben den Zahlenwerten findet ihr jeweils zwei Kästchen übereinander – eines für dich, und eines für deinen Partner. Anschließend tauscht ihr euch über das Ergebnis aus.

Stimmt genau! ←————→ **Stimmt ganz und gar nicht!**

Wir sind geduldig und gütig im Umgang miteinander.

1		2	3	4	5	6	

Wir ereifern uns nicht, prahlen nicht und spielen uns nicht auf.

1		2	3	4	5	6	

Wir nehmen uns keine Freiheiten heraus,
die uns nicht zustehen und suchen nicht den eigenen Vorteil.

1		2	3	4	5	6	

Wir sind nicht nachtragend und schadenfroh.

1		2	3	4	5	6	

Wir sind voll Hoffnung und vertrauen darauf,
dass unsere Beziehung Zukunft hat.

1		2	3	4	5	6	

Wir haben die nötige Geduld
und können manches ertragen, was noch nicht optimal ist.

1		2	3	4	5	6	

7   In alle Prozesse Gott bewusst einbeziehen

Im alttestamentlichen Buch Kohelet (in manchen Übersetzungen „Prediger" genannt) findet sich ein schönes Bild, das Brautpaare gerne bei der Trauung für sich in Anspruch nehmen: „Einer mag überwältigt werden, aber zwei können widerstehen, und eine dreifache Schnur reißt nicht leicht entzwei." (Prediger 4,12) Die Logik des Verses leuchtet sofort ein: Eine Ehe, die mit Gott als Drittem im Bunde geführt wird, ist besonders stabil. So etwas lässt man sich gerade bei einer Hochzeit gerne zusprechen. Aber wir erliegen einem Irrtum, wenn wir vorschnell meinen, Gott biete eine besonders stabile Aufhängung für das gemeinsame Leben, einen himmlischen Airbag gegen die Unfälle des Ehelebens. Nach dem Motto: Uns kann nichts passieren; wir sind ja schließlich gesegnet worden und mit Gott unterwegs. Das könnte sich als fataler Trugschluss erweisen. Die Ehe hängt nicht wie eine hübsche Blumenampel an der Schnur, von der der alttestamentliche Prediger spricht. Die Ehe ist die Schnur!

> *Wir erliegen einem Irrtum, wenn wir vorschnell meinen, Gott biete eine besonders stabile Aufhängung für das gemeinsame Leben, einen himmlischen Airbag gegen die Unfälle des Ehelebens.*

Die Lebensfäden zu einer Schnur verflechten

Wirklich hilfreich wird das Bild von der geflochtenen, dreifachen Schnur, wenn wir nicht nur die physikalische Festigkeit des Seiles anschauen, sondern uns mit dem Vorgang des Flechtens dieser Schnur beschäftigen. Die Frage ist ja, wie die dreifache Schnur eigentlich entsteht. Sie wird dem Brautpaar jedenfalls nicht als fertiges himmlisches Geschenk mit dem Segen im Traugottesdienst überreicht. Vielmehr stehen die Eheleute Tag für

Tag vor der Aufgabe, selbst diese Schnur zu flechten. Die Ehe zu leben heißt, die Schnur jeden Tag neu ein Stück weiter entstehen zu lassen. Aber mehr noch: Es sollen nicht nur die jeweiligen Lebensfäden von Mann und Frau verknüpft werden. Wichtig ist vor allem, dass auch Gott mit eingeflochten wird. Gott möchte elementarer Bestandteil des gemeinsamen Lebens sein. Dabei drängt er sich nicht auf und mischt sich nicht einfach ein. Er will, dass wir aktiv werden, ihn einladen und bewusst zum Dritten in unserem Bunde machen. Wir müssen es ernsthaft wollen, und wir müssen es ihm sagen. Jeden Tag neu, aber auch grundlegend am Beginn unserer Ehe.

Genau hier liegen der Sinn und die Bedeutung des Traugottesdienstes in der Gemeinde. Nach evangelischem Verständnis ist die Ehe eine weltliche und keine religiöse Angelegenheit. Gott hat sie nämlich für alle Menschen, unabhängig von Glauben, Kultur und Nationalität, vorgesehen. Sie wird deshalb auf dem Standesamt und nicht erst in der Kirche geschlossen. Selbstverständlich können Christen nicht ohne Gott zum Standesamt gehen. Er ist dort zu Hause, es ist sein Revier! Es wäre ein Missverständnis zu meinen, Gott käme erst in der Gemeinde dazu. Richtig ist vielmehr, dass auf dem Standesamt in der Gegenwart Gottes und des Standesbeamten ein verbindliches Treueversprechen abgelegt wird.

Was ist das Besondere des Traugottesdienstes?

Beim Traugottesdienst in der Gemeinde geht es dann darum, die bereits geschlossene Ehe näher zu beschreiben als Ehe nach Gottes Ordnung und Verheißung. Die Eheleute erklären, dass sie nicht einfach irgendwie nach eigenem Gutdünken miteinander umgehen und zurechtkommen wollen, sondern sich Gottes Maßstäbe zu eigen machen. Sie bekennen sich zu Gottes Vorgaben und damit zur Unauflöslichkeit und Einmaligkeit der Ehe:

ein Mann – eine Frau – ein Leben lang – Gemeinschaft in allen Dingen.

Als Antwort auf das Bekenntnis der Brautleute dürfen wir sie im Namen Gottes segnen. Damit sprechen wir dem Brautpaar zu, dass das, was sie vorhaben, den Absichten Gottes entspricht. Deshalb können sie fest davon ausgehen, dass Gott mit ihnen unterwegs ist und sich immer wieder in ihre Beziehung investieren und einmischen wird. Oder mit dem Bild der dreifachen Schnur ausgedrückt: Dass er sich gerne mit einbinden lässt. Tag für Tag.

☞ *Vielleicht fragt ihr euch, ob eine offizielle Ehe-schließung überhaupt nötig ist. Wo steht das mit dem Standesamt eigentlich in der Bibel?*
Im Anhang, Kapitel 32, gehe ich auf diese Frage ausführlich ein.

Ein einzelner Mensch
kann leicht überwältigt werden,
aber zwei wehren den Überfall ab.

Noch besser sind drei;
es heißt ja:
„Ein Seil aus drei Schnüren
reißt nicht so schnell."

Prediger 4,12

Anstöße zum Weiterlieben

♡ Habt ihr euer Trauversprechen noch
irgendwo aufbewahrt? Dann holt es hervor
und schaut noch einmal genau hin,
wozu ihr damals Ja gesagt habt.
Insbesondere, was Gottes Rolle angeht.

♡ Vielleicht wollt ihr auch noch einmal
neu formulieren, welche Rolle Gott
in eurer Ehe einnehmen soll.
Hier könnt ihr aufschreiben,
was ihr Gott sagen wollt:

8   Der Impuls muss von außen kommen

Es gibt Träume, die die Menschheit seit Jahrtausenden bewegen. Zum Beispiel der Wunsch nach ewiger Jugend. Wie schön wäre es, wenn wir nicht alt und schwach würden, sondern für immer die Kraft und Vitalität unserer Jugendzeit hätten. Früher hat sich die Suche nach dem „Jungbrunnen" in zahlreichen Bildern und Erzählungen Ausdruck verschafft. Heute versuchen Wissenschaftler, die Stelle im genetischen Code zu finden, die für das Altern zuständig ist, um Einfluss auf den Prozess zu nehmen.

Oder das Perpetuum mobile. Könnte man nicht eine Maschine erfinden, die ihre Energie in einem ewigen Kreislauf immer wieder neu in Bewegung und die Bewegung wieder in Energie verwandelt? Also aus sich selbst heraus immer in Bewegung bleibt, ohne dass die Energie sich verbraucht oder dass neue Energie hinzugefügt werden müsste?

Der Traum von der ewigen Liebe

Und dann ist da noch die ewige Liebe! Wie schön wäre es, wenn die Liebe zwischen zwei Menschen sich immer wieder selbst erneuerte und so für immer erhalten bliebe. Die erfahrene Liebe befähigt, dem anderen Liebe zu geben. Dies wiederum führt dazu, dass der so Beschenkte seinem Partner Liebe zurückgeben kann. Und das ein Leben lang.

Leider funktioniert die ewige Selbsterneuerung in keinem der genannten Bereiche. Machen wir uns am Perpetuum mobile klar, warum das so ist. Vermutlich habt ihr schon einmal einem Kugelpendel zugeschaut, bei dem mehrere Metallkugeln an Fäden aufgehängt und in einer Reihe angeordnet sind. Lässt man die erste Kugel auf die anderen Kugeln aufprallen, setzt sich die Bewegung durch alle Kugeln fort, bis schließlich die letzte Kugel wieder zurückprallt und ihrerseits eine Kettenreaktion in umgekehrter Richtung anstößt. Das geht immer wieder hin und her, und man denkt, so ungefähr könnte ein Perpetuum mobile funktionieren. Aber die Ernüchterung bleibt nicht aus. Selbst bei optimalen Bedingungen führen der Luftwiderstand und die Reibung der Aufhängung langsam aber sicher zur Ermüdung, zum Verlust der Energie. Es gibt nur einen Weg, um die Konstellation in Bewegung zu halten: Es muss immer wieder neue Anstöße von außen geben. Aus sich selbst kann keine noch so genial konstruierte Maschine in Bewegung bleiben.

Reibungsverluste

Wieviel mehr gilt das für die Liebe in der Ehe. Schließlich haben wir es ja nicht einmal mit einer optimierten Konstellation zweier Menschen zu tun, sondern mit einem Mann und einer Frau, die das Leben mehr oder weniger lange geprägt hat. Menschen mit ihren Rauheiten und Reibungsflächen, Menschen mit den Verbiegungen ihrer Biografie. Menschen, deren Zusammenleben zwangsläufig Reibungsverluste mit sich bringt. Menschen wie du und ich eben. Wir brauchen immer wieder neue Anstöße zur Liebe. Aber wir können sie uns nicht selbst geben. Der Anstoß muss von außen kommen. Von Gott. Er ist der Erfinder der Liebe! Und er ist gerne bereit, uns mit neuer Liebe zu füllen, wenn wir uns nur dafür öffnen und ihn darum bitten. Ja mehr noch: Gott ist der einzige, der gewährleisten kann, dass unsere Liebe sich ein ganzes Leben lang erneuert. Die Fähigkeit zur Dauer, der Aspekt der Ewigkeit, kann niemals von uns kommen, sondern nur von Gott.

> *Gott ist der einzige,*
> *der gewährleisten kann,*
> *dass unsere Liebe sich*
> *ein ganzes Leben lang erneuert.*
> *Die Fähigkeit zur Dauer,*
> *der Aspekt der Ewigkeit,*
> *kann niemals von uns kommen,*
> *sondern nur von Gott.*

Kein frommes Wunschdenken

Aber tut Gott das wirklich? Manche denken, wenn es einen Gott gäbe, sei der viel zu groß, als dass er sich um die Alltagsfragen von uns Menschen kümmern würde. Und in der Tat gibt es größere und wichtigere Themen als unsere persönlichen Alltagsprobleme. Ist es da nicht vielleicht nur frommes Wunschdenken, zu meinen, Gott nehme an unseren kleinen Sorgen und Freuden Anteil? Nehmen wir uns nicht einfach nur viel zu wichtig? Sind unsere Anliegen nicht viel zu banal für den allmächtigen Gott, der Himmel und Erde geschaffen hat? Ich halte diese Fragen für sehr verständlich und berechtigt. Wer niemals ins Grübeln oder auch Zweifeln über Gottes Nähe und persönliche Zuwendung kommt, hat vielleicht gar nicht begriffen, wie ungeheuerlich Gottes Interesse und Liebe uns gegenüber sind. Wir reden hier über etwas ganz und gar nicht Selbstverständliches. Und wir haben auch keineswegs einen Anspruch darauf, dass Gott sich um uns kümmert. Dass er es trotzdem tut, liegt nicht an uns, sondern ist in Gott selbst begründet.

Um das Geheimnis zu verstehen, müssen wir wieder ganz an den Anfang, zum Schöpfungsbericht zurückkehren, und eine Aussage noch einmal betrachten, die uns bereits ausführlich beschäftigt hat: „Dann sprach Gott: ‚Nun wollen wir Menschen machen, ein Abbild von uns, das uns ähnlich ist!' So schuf Gott die Menschen nach seinem Bild, als Gottes Ebenbild schuf er sie und schuf sie als Mann und als Frau." (1. Mose 1,26-27)

Vielmehr Gottes eigener Wunsch

Im ersten Kapitel habe ich bezüglich der Ebenbildlichkeit betont, dass Gott seine eigene Dreieinigkeit in der Zweisamkeit von Mann und Frau abgebildet hat. Aber das ist nicht alles. Im Grunde ist es sogar erst der zweite Aspekt. Wichtiger noch ist, dass die

Ebenbildlichkeit uns zur Gemeinschaft mit Gott befähigt. Das ist das Alleinstellungsmerkmal des Menschen gegenüber der übrigen Schöpfung. Nur mit dem Menschen kommuniziert Gott. Im Paradies, aber auch später. Die Tierwelt ist dem Menschen treuhänderisch anvertraut. Sie steht – die Hundefreunde mögen mir die klaren Worte verzeihen – nicht auf der gleichen Ebene wie der Mensch. Es gibt uns Menschen, weil Gott ein Gegenüber haben möchte, mit dem er kommunizieren kann. Etwas platt ausgedrückt: Gott wünscht sich Beziehung! Mehr noch, er wünscht sich Wesen, die er lieben kann und die ihn zurücklieben.

Wir stellen uns Gott in der Regel bedürfnislos vor. Nach unserer Vorstellung braucht und vermisst Gott nichts. Die Bibel aber belehrt uns eines anderen: Gott will geliebt werden! Auf diese Aussage lässt sich laut Jesus Gottes Anliegen und die Botschaft der gesamten Bibel, wie sie zu seiner Zeit vorlag, reduzieren: „Liebe den Herrn, deinen Gott, von ganzem Herzen, mit ganzem Willen und mit deinem ganzen Verstand! Dies ist das größte und wichtigste Gebot." (Matthäus 22,37-38) Dass die Nächstenliebe als gleichwertiges Anliegen hinzukommt, können wir an dieser Stelle einmal außer Acht lassen. Für Gott selbst gilt: Er wünscht sich Menschen, die sich mit Respekt, Vertrauen und Liebe an ihn wenden. Er will am Leben dieser Menschen beteiligt sein. Er liebt Menschen, die ihn dazu einladen und ihn um seine Einflussnahme bitten.

Der Gott, der mitgeht

So wird Gott in der gesamten Bibel beschrieben. Im Alten Testament lernen wir ihn kennen als den Gott, der mit seinem Volk Israel unterwegs ist. Im Neuen Testament erfahren wir, dass Jesus in die Welt kommt, damit nichts mehr zwischen Gott und uns steht und wir wieder „Abba", Papa, zu Gott sagen dürfen. Und der Heilige Geist soll es uns möglich machen, Gottes Impulse zu empfangen und sein Reden zu verstehen. Immer geht es um das Gleiche: Gott will Beziehung zu uns und uns helfen, dass unser Leben – und eben auch unsere Ehe! – gelingt. Unser Leben soll seine Prägung bekommen und seine Spuren tragen. Wichtig ist: Es geht nicht um fromme Versuche unsererseits, Gott auf unsere Seite zu ziehen, und auch nicht darum, uns zusammenzureißen und gemäß der Bibel zu leben. Unsere Chance liegt vielmehr in Gottes eigener Sehnsucht, Teil unseres Lebens zu sein. Er möchte Einfluss nehmen und uns immer wieder neue Anstöße geben. Damit wir einander lieben können, so wie es seinem eigenen Wesen entspricht.

Noch einmal: Der Impuls zur Erneuerung unserer Liebe muss von außen kommen. Und er kommt tatsächlich von außen. Direkt von Gott. Und das ein Leben lang, jeden Tag neu. Allerdings geschieht das nicht automatisch, denn Gott drängt sich nicht auf. Aber wenn wir ihn darum bitten und seiner Einflussnahme Raum geben, erleben wir immer wieder neu, wie wir geliebt werden und dadurch unserem Partner etwas weiterzugeben haben: Liebe. Denn wir können nur lieben, wenn wir zuerst Liebe empfangen.

**Lasst uns lieben,
denn Gott hat uns
zuerst geliebt!**

1. Johannes 4,19

Anstöße zum Weiterlieben

♡ Wer ist Gott für uns?
Welche Vorstellung haben wir von ihm?

♡ Wie relevant ist der Glaube für unsere Ehe?
Gehören unser soziales Alltagsleben
und die Rückbindung an Gott zusammen,
oder ist der Glaube auf die eigene Seele
und den Sonntag beschränkt?

♡ Wie kann es für uns aussehen,
Gott ganz bewusst in den Alltag
mit einzuflechten?
Wie können wir konkret vorgehen?

♡ Woran scheitert es bisher
auch immer wieder einmal?

♡ Um welche Bereiche, Situationen und Themen
könnte es dabei gehen?

♡ Was wünschen wir uns diesbezüglich
für unsere Zukunft?

II Sich auf den Weg machen –
Eins werden in allen Dingen

9 Nicht ich, nicht du, sondern wir

Menschen, die Gott kennen, haben ein Interesse daran, ihre Ehe am Willen Gottes auszurichten. Sie sind davon überzeugt, dass Gott unendlich mehr vom Glücklich-Werden versteht als sie selbst oder ihre Freunde oder Arbeitskollegen. Und erst recht mehr als die Artikelschreiber der Illustrierten und die Autoren der Fernsehfilme. Sie wollen sich nicht mit ein paar netten Jahren zufriedengeben und anschließend vor einem rauchenden Trümmerhaufen stehen. Vielmehr wird ihnen an einer lebenslangen, stabilen Beziehung gelegen sein.

Was bedeutet das für uns als Paar, wenn wir Christen sind? – Wie wir vorher unser Leben je einzeln von Gott gestalten ließen, so redet er nun bei den Details unserer Ehe mit. Mehr noch, seine Sicht soll für uns maßgeblich sein. Er soll bestimmen und uns prägen. Dazu laden wir ihn bei unserer Eheschließung durch unser Eheversprechen („Wollt Ihr ... die Ehe nach Gottes Gebot und Verheißung führen ... ? Ja, mit Gottes Hilfe.") ausdrücklich ein. Das heißt: Weder mein Wille noch der Wille meines Ehepartners soll sich durchsetzen, sondern miteinander suchen wir nach Gottes Willen, der uns gemeinsam gilt. Tag für Tag findet so im Vollzug der Ehe das Eins-Werden statt. Stück für Stück wird so eine immer längere und doch stabil bleibende Schnur geflochten, und sie betrifft letztlich alle Lebensbereiche.

Eins werden in allen Dingen

Das Versprechen und die Herausforderung, die sich dadurch für die Ehe ergeben, lauten: Eins werden in allen Dingen

(1. Mose 2,24). Mann und Frau sollen bei aller Unterschiedlichkeit eine einmalige, untrennbare Einheit bilden. So wie Gott die Unterschiedlichkeit von Vater, Sohn und Geist wahrt und doch eins ist. Gott lässt uns mit dieser Vision von Ehe aber keineswegs allein und gibt sie uns nicht nur als Anspruch und Forderung mit auf den Weg. Vielmehr will er uns bei der Umsetzung dieses herausfordernden Prozesses ständig begleiten. Das heißt, nicht nur wir als Mann und Frau wollen unsere Sichtweisen und Interessen in Einklang bringen, sondern ganz bewusst wollen wir Gott in diesen Prozess einbeziehen.

Das Geheimnis, um das es dabei geht, ist die in Kapitel 5 und 6 beschriebene Agape. Die Liebe, die Gott selbst uns schenkt und ermöglicht. Zu dieser Liebe gehört, dass ich mich so intensiv an meinen Partner binde, dass aus unserem Miteinander etwas Neues, Drittes entstehen kann. Ich tue das aus Liebe. Ich schenke mich meinem Partner freiwillig und gern. Aber auch wirklich, und nicht nur mit stimmungsvollen Worten in gefühlvollen Stunden. Die Grundlage dafür, diesen Weg zu gehen, ist eine bewusste Entscheidung: Ich will für den anderen da sein. Er soll glücklich werden. Ich will nicht auf seine Kosten, sondern zu seinen Gunsten leben.

Das geht nur über die Hingabe des Ego. Es erfordert die Investition meines „Ich" in ein neues, gemeinsames Ganzes. Es ist eine Investition, die sich lohnt und mich letztlich reich macht. Aber sie muss auch wirklich geschehen, wenn die Rendite nicht ausbleiben soll.

> *Es erfordert die Investition meines „Ich" in ein neues, gemeinsames Ganzes.*
> *Eine Investition, die sich lohnt und mich letztlich reich macht.*

Die Dynamik der Liebe

Diese Investition ist gemeint, wenn die Bibel von Liebe spricht. Solange beide Partner nur jeweils sich selbst verwirklichen wollen, wird die Ehe nicht gelingen. Trotz guter Absichten und glühender Versprechen in der Zeit der Verliebtheit bleibt die Ehe unter solchen Startbedingungen nur der Kampf zweier Individualisten oder gar Egoisten um ihre Selbständigkeit und Unabhängigkeit. Wenn es gut geht, kommt es immer wieder zu Kompromissen und zum Kräfteausgleich. Aber das kann nicht darüber hinwegtäuschen, dass die Kräfte, die da ausgeglichen werden müssen, im Grunde auseinanderstreben.

Solange beide Partner sich nur mit Ansprüchen, Erwartungen und Wünschen begegnen, solange sie einander nur haben wollen, ist die Dynamik der Ehe blockiert. Aber wo beide daran arbeiten, für den anderen da zu sein, entfaltet sich das Geheimnis der Ehe, wie Gott sie vorgesehen hat. Wenn jeder der beiden darauf bedacht ist, den anderen glücklich zu machen, erleben beide, dass sie vom anderen geliebt werden. Nur so herum funktioniert die Dynamik der Liebe. Über die Hingabe, und nicht über das Einfordern. Und beide werden feststellen, dass sie selbst nicht zu kurz gekommen, sondern – fast nebenbei – glücklich geworden sind.

**Denkt nicht an euren eigenen Vorteil,
sondern an den der anderen.
Habt im Umgang miteinander
stets vor Augen,
was für einen Maßstab
Jesus Christus gesetzt hat.**

Philipper 2,4-5

Anstöße zum Weiterlieben

♡ Was haltet ihr von folgendem Vorgehen:
Ich will mich jeden Morgen neu bei Gott
ausrichten und ihm für meinen Partner
danken. Ich entscheide mich neu, meinen
Partner zu lieben und bitte Gott, mich
dafür mit Liebe (Agape) auszurüsten.

♡ Gibt es Bereiche, wo es euch schwer fällt,
die eigenen Wünsche in den Hintergrund
zu stellen?

♡ Wie könnt ihr euch gegenseitig glücklich
machen? Worüber würde der andere sich
freuen? Heute!

♡ Ein kleines Ritual kann euch vielleicht helfen,
den Zustand eurer Liebe zu erkennen:
Der Kuss am Morgen. Er darf natürlich
keine gedankenlose Routine im Halbschlaf
sein. Vielmehr frage ich mich, welche
Empfindungen ich beim Küssen tatsächlich
für meinen Partner habe. Meine negativen,
positiven oder auch gleichgültigen Gefühle
dem Partner gegenüber können ein Mess-
instrument für die Qualität unserer Beziehung
sein. Anschließend rede ich mit Gott darüber.
Zum Beispiel im Auto bei der Fahrt zur Arbeit.

10 Nicht mein und dein, sondern unser Geld

Viele junge Leute hatten vor der Ehe erheblich mehr Geld zur freien Verfügung als in der Ehe. Oft hatten sie zu Hause für ihren Lebensunterhalt nichts oder nur sehr wenig zu zahlen oder wurden auf andere Weise von den Eltern unterstützt. Sie hatten genug Geld für Konzerte, um im Restaurant essen zu gehen, für Mode, Hobbys und Reisen. Nun sind sie für alles selbst verantwortlich und stellen erstaunt fest, dass auch Toilettenpapier Geld kostet.

Vielleicht stammt einer der Ehepartner auch aus einem Elternhaus mit hohem Einkommen und Lebensstandard. Alles war immer reichlich da und nur vom Feinsten. Geld wurde mit vollen Händen ausgegeben, sei es aus Großzügigkeit, Gedankenlosigkeit oder dem Drang zu zeigen, was man besitzt. Auf der anderen Seite steht aber vielleicht ein Partner, der die Sparsamkeit seiner Herkunftsfamilie zutiefst verinnerlicht hat. Manchmal bis hin zum Geiz. Solche Erfahrungen haben uns und unsere Werte ganz tief geprägt. Nun prallen sie unversehens aufeinander. Insbesondere, wenn man auf einmal mit einem bescheidenen Anfangsgehalt auskommen muss. Das bietet reichlich Konfliktstoff und führt leicht zur Unzufriedenheit. Aber irgendwie muss man ja mit dem Geld auskommen.

Es kann bei euch natürlich auch ganz anders sein, und ihr habt in der Ehe sogar mehr Geld zur Verfügung als vorher. Ihr verdient beide nicht schlecht, habt schon einiges sparen können und müsst in Zukunft nur noch eine statt zwei Mieten bezahlen. Aber auch bei solchen Rahmenbedingungen wird es beim Thema Geld Herausforderungen für euch geben.

Geld ist wichtig – aber wofür eigentlich?

Ohne Geld geht es nicht, aber bevor man es verdient und ausgibt stellt sich die Frage: Für welches Ziel, für welche Idee von Leben brauchen wir eigentlich Geld? Die Lösung kann ja nicht einfach so aussehen, dass ein hoher Lebensstandard als erstes und oberstes Ziel von vornherein feststeht und nun alles dem untergeordnet wird. Als Christen werden wir mehr wollen und Gott nach einem Gesamtkonzept für unser gemeinsames Leben fragen: Was ist wichtig für unsere Ehe? Was hat Gott mit uns vor? Wie stehen wir zu Kindern? Auch Kinder verändern die finanzielle Situation! Erst wenn diese Fragen vor Gott geklärt sind, stellt sich die Frage, wie das, was wir als Gottes Entwurf erkannt haben, zu finanzieren ist. Das kann unter Umständen zu Einschränkungen beim Konsum führen oder es notwendig machen, nach einer zusätzlichen Einnahmequelle Ausschau zu halten.

> *Die Lösung kann nicht einfach so aussehen, dass ein hoher Lebensstandard als erstes und oberstes Ziel von vornherein feststeht und nun alles dem untergeordnet wird.*

Der Maßstab für unsere Entscheidungen soll in jedem Fall der Wille Gottes sein. Und den können wir nur gemeinsam verwirklichen. Ja mehr noch: Wir können uns gegenseitig helfen und korrigieren und so in unserer Persönlichkeit weiterentwickeln. So finden wir zu einem gesunden und verantwortungsvollen Umgang mit dem Geld, jenseits von Geiz, Habsucht, Verschwendung und Angeberei.

Überblick behalten und Buch führen

In vielen Fällen ist es hilfreich, zumindest eine Zeit lang Buch zu führen und die tatsächlichen Ausgaben aufzulisten. Meine

Frau und ich tun das seit vielen Jahren und benutzen dabei ein einfaches Buchhaltungsprogramm, mit dem wir auch unsere Konten abrufen und verwalten können. Gerade im Zeitalter des Internetbankings ist das eine enorme Arbeitserleichterung. Einmal eingerichtet werden die meisten Abbuchungen automatisch den jeweiligen Budgets zugeordnet. So haben wir einen guten Überblick und ein Gespür für die finanzielle Realität. Gerade die Einrichtung und Überwachung von Budgets hilft, gut mit dem Geld umzugehen. So lässt sich zum Beispiel die Frage leicht beantworten, ob wir uns eine Anschaffung wirklich leisten können. Brauchen wir wirklich den neuen Fernseher, den schicken Zweitwagen, die teure Reise?

Wichtig ist hier wie in anderen Bereichen, dass sich nicht einer einfach durchsetzt und Tatsachen schafft, mit denen der andere dann leben muss. Genauso wichtig ist es aber auch, sich nicht einfach aus Prinzip zu verweigern, nur weil man grundsätzlich sparsam ist. Die Frage lautet: Wie wichtig ist die Anschaffung für den anderen? Warum ist sie ihm so viel wichtiger als mir? Was steckt für ihn dahinter? Inwieweit bin ich bereit, aus Liebe über meinen Schatten zu springen und dem Kauf zuzustimmen. Oder aber auch Widerstand zu leisten, weil hier beim Ausgeben des Geldes etwas grundlegend und wiederholt falsch läuft.

Vielleicht schmunzelt ihr darüber und findet es altmodisch. Aber ich verrate es euch trotzdem. Meine Frau und ich haben uns Budgets für Taschengeld und Garderobe eingerichtet. Über die muss man natürlich nicht verhandeln und berichten. Diese Maßnahme hat sich zumindest in unserem Fall sehr bewährt.

Reich ist, wer etwas abgeben kann

Auch das Thema Spenden solltet ihr nicht ausklammern. Uns selbst war es immer wichtig, unser Geld nicht nur für uns selbst auszugeben. Wir wollen bewusst Geld einsetzen, um anderen etwas abgeben oder diakonische und missionarische Projekte sowie unsere Gemeinde unterstützen zu können. Wir haben festgestellt, dass wir dadurch nicht arm geworden sind, sondern dass Gott uns umso treuer versorgt hat. Man kann sich nämlich nicht nur über ein neues Auto, schicke Klamotten und eine große Reise freuen, sondern auch über das Gute, das man mit seinem Geld bewirkt. Damit dieser Punkt nicht hinten runterfällt, planen wir auch für unsere Spenden von vornherein ein entsprechendes Budget ein. Wie für die Miete oder das Auto. Wichtig ist aber auch hier, dass wir miteinander zu einem gemeinsam gewollten und verantworteten Umgang mit unserem Geld kommen.

Keine finanziellen Geheimnisse voreinander

Noch ein letzter Gedanke zum Thema Geld. Völlig unangemessen sind Vorhaltungen darüber, was der eine oder der andere in die Ehe mitgebracht hat oder noch einbringt. Wenn wir als Eheleute ernsthaft in allen Dingen „ein Leib" sein wollen, wie es im Schöpfungsbericht heißt, kann es nicht um mein und dein Geld gehen, sondern immer nur um unser Geld. Natürlich kann eine Gütertrennung im Einzelfall sinnvoll und nötig sein. Die Frage ist, ob sie aus steuerlichen oder rechtlichen Gründen geschieht, oder weil beim Geld die Liebe und die Gemeinsamkeit aufhören. Und selbstverständlich braucht der andere nicht über jeden Euro informiert zu sein, den einer der beiden ausgibt. Geheime Konten, Anlagen und Transaktionen, von denen der andere nichts wissen darf, sind jedoch ein ernstes Krankheitssymptom der Ehe.

**Hütet euch vor jeder Art von Habgier!
Denn der Mensch gewinnt sein Leben nicht
aus seinem Besitz, auch wenn der noch so groß ist.**

Lukas 12,15

Anstöße zum Weiterlieben

♡ Wie gut harmonieren wir beim Thema Geld?

♡ Ist Geld bei uns oft Anlass für Konflikte
und Streit?
Lässt sich in den einzelnen Situationen
ein wiederkehrendes Muster erkennen,
das erklärt, warum das Thema Geld
so schwierig ist?

♡ Verstehen wir unsere Einkünfte
als etwas Gemeinsames oder als etwas,
das den anderen nichts angeht?

♡ Haben wir gute gemeinsame Vorgehensweisen
und Kriterien entwickelt, wie und wofür
wir Geld ausgeben?

11 Zwei Zeiten synchronisieren

Vor der Ehe hatten beide Partner jeweils ihren Schrank, den sie mit persönlichen Dingen füllen konnten. Wenn die Wohnung groß genug ist, stehen dort nun zwei Schränke. Ebenso hatten beide Partner jeweils einen Tag, den sie gestalten konnten. Aber gemeinsam haben sie nun eben nicht etwa zwei, sondern nur einen Tag zur Verfügung. Das klingt banal, stellt jedoch eine der wichtigsten Herausforderungen für Eheleute dar. Es geht um die Aufgabe, zwei Lebensrhythmen zu synchronisieren und aus zwei einzelnen Tagen einen gemeinsamen Tag zu machen. Es ist einleuchtend, dass unmöglich jeder all das weiterhin tun kann, was er früher getan hat.

Neue und alte Beziehungen

Früher hatte jeder 52 Wochenenden, um Freunde und Familie zu besuchen oder um allein etwas zu unternehmen. Doch auch als Ehepaar stehen uns nur diese 52 besonderen Zeitfenster zur Verfügung. Welche Freundschaften wollen wir gemeinsam weiter pflegen? Soll man zum Geburtstag des alten Schulfreunds allein, gemeinsam oder gar nicht gehen? Manches passt nicht mehr, anderes wird neu möglich, etwa die Freundschaft mit anderen Ehepaaren. Wie viel Zeit können und wollen wir dafür investieren? Wie groß sind das Bedürfnis und die Notwendigkeit, den Kontakt zu Eltern und Geschwistern zu pflegen? Welche der beiden Herkunftsfamilien hat im Zweifelsfall Vorrang? Wie viel Zeit brauchen wir für uns allein? Wie gestalten wir beispielsweise die Weihnachtstage?

Noch komplizierter wird es, wenn Kinder da sind. Jetzt sind nicht mehr nur zwei Zeiten auf einen Nenner zu bringen, sondern noch mehr. Kinder können viel Zeit in Anspruch nehmen, so dass für die Eltern kaum mehr etwas übrig bleibt. Die Frage stellt sich auch hier, was Gott von uns als Ehepaar will. Was sollen wir tun, was sollen wir lassen? Wofür geben wir unsere Zeit aus?

Langschläfer oder Frühaufsteher?

Schon bald nach der Hochzeit werden die Unterschiede unserer Persönlichkeit zutage treten. Der eine wird abends müde, wenn der andere gerade aufblüht. Der eine steht morgens früh auf, während der Partner nicht aus den Federn kommt. Allein länger aufbleiben? Allein morgens frühstücken? Vielleicht geht es hier und da tatsächlich nicht anders. Aber Liebende werden immer das Bedürfnis haben, Zeit miteinander zu verbringen und deshalb versuchen, Kompromisse und Schnittmengen zu finden.

Der eine hat einen großen Freiheitsdrang und deshalb schnell den Eindruck, vom Partner geklammert und seiner Freiheit beraubt zu werden. Der andere würde am liebsten ständig Händchen halten und jeden Abend schmusend auf dem Sofa verbringen und fühlt sich leicht abgewiesen und ungeliebt. Auch die Zeit, die Eheleute in Vereinen oder der Gemeinde verbringen, sei es als Teilnehmer an Veranstaltungen oder als Mitarbeiter, muss aufeinander abgestimmt werden, damit nicht im Wechsel an jedem Abend einer von beiden unterwegs ist.

Freiräume gewähren, aber nicht abtrotzen

Natürlich sind Eheleute nicht ständig zusammen. Zeiten mit Freunden und Kollegen oder auch solche, in denen man allein ist, sind wichtig und nötig. Aber auch hier gilt, dass Freiräume nicht abgetrotzt, sondern aus Liebe gewährt werden. Deshalb werden wir den anderen nicht einfach sitzen lassen und unsere eigenen Wege gehen. Aber genauso wenig wird einer den anderen festnageln. Denn Ehe bedeutet auch, dass Gott uns gemeinsame Zeiten schenkt. Wir klären vor ihm, was und wie viel wir getrennt oder gemeinsam tun sollen. Wir fragen ihn, wie viel und welche Zeit wir für uns persönlich und für die Familie investieren sollen. Wir lassen uns die Zeit, die er uns gemeinsam gibt, von ihm einteilen.

> *Wir werden den anderen*
> *nicht einfach sitzen lassen*
> *und unsere eigenen Wege gehen.*
> *Aber genauso wenig wird*
> *einer den anderen festnageln.*

Aber auch wenn die Zeit, die zur Verfügung steht, knapp ist – ohne gemeinsam verbrachte „Qualitätszeit" hat eine Ehe keine Zukunft. Ich erinnere noch einmal daran, dass Ehe ihrem Wesen nach Kommunikation ist. Wie im Kapitel 2 dargelegt, ist das sehr umfassend gemeint und betrifft nicht nur den Austausch von Gedanken und Worten. Aber auch! Alle Entfremdung beginnt mit fehlender Kommunikation. Und Kommunikation braucht nun einmal Zeit.

**Alles, was auf der Erde geschieht,
hat seine von Gott bestimmte Zeit:
weinen und lachen, wehklagen und tanzen,
sich umarmen und sich aus der Umarmung lösen,
schweigen und reden.**

Aus Prediger 3,1–8

Anstöße zum Weiterlieben

♡ Was bestimmt uns mehr:
Der Wunsch, Zeit miteinander zu verbringen,
oder eigene Freiräume zu haben?

♡ Fühlt sich einer von uns beiden
zu oft allein gelassen
oder zu sehr geklammert?

♡ Haben wir einen guten gemeinsamen
Tagesablauf gefunden, oder gibt es noch
den Bedarf und die Möglichkeit
der Optimierung?

♡ Steht die Zeit, die wir zusammen mit anderen
verbringen und die Zeit, die wir nur für uns
als Paar haben, in einem guten Verhältnis?

♡ Wie zufrieden sind wir mit der Art
unserer Zeitplanung?
Wie gut gelingt es uns,
auf einen gemeinsamen Nenner zu kommen?

12 Dem Gespräch eine Chance geben

Über tiefer sitzende Fragen kann man nicht so ohne weiteres jederzeit reden. Man braucht eine gewisse Anlaufzeit, bis man sich öffnet und auch über schwierigere persönliche Fragen sprechen mag. Sie erfordern Mut und setzen eine entspannte, vertrauensvolle Atmosphäre voraus. Aber oft kommt es zu diesem Punkt gar nicht, weil die gemeinsame Zeit zu kurz oder aber mit Oberflächlichem angefüllt ist. Man kann ja stundenlang nebeneinander fernsehen, ohne dass es zu einem nennenswerten Austausch zwischen den Eheleuten kommt. Und manchmal ist es sogar die heimliche oder unbewusste Absicht, nur ja kein ernstes Gespräch aufkommen zu lassen. Als Eheleute müssen wir nicht ständig tiefgehende Gespräche führen. Aber schwierig wird es, wenn solche Gespräche überhaupt keine Chance haben.

Voneinander wissen

Wir sollten wissen, was der andere tut und wie er seinen Tag erlebt, wenn wir nicht zusammen sind – nicht aus Neugierde oder Misstrauen, sondern aus Interesse an seinem Ergehen. Wie kann es angehen, dass jemand gar kein Interesse für den Berufsalltag des Ehepartners zeigt? Oder umgekehrt: Wie kann ein Ehepartner sich weigern, von dem zu erzählen, was ihn von Berufs wegen bewegt und belastet? Als ob das nicht ständig in die Ehe hineinragte! In Ehekrisen wird oft deutlich, dass Ehepartner sich auch nach vielen Jahren im Grunde überhaupt nicht kennen. Das Gespräch braucht seinen festen Platz im Rhythmus des Tages. Am Anfang sind das häufig die Mahlzeiten. Aber wenn kleine Kinder daran teilnehmen, wird sich meist alles um sie drehen. Dann muss man feste Zeiten verabreden, etwa die letzte halbe Stunde vor dem Zubettgehen. Solch ein Austausch über den Tag ist eine unerlässliche Hygienemaßnahme. Und sie muss so regelmäßig stattfinden wie das Zähneputzen. Unterbleibt sie, wird die Ehe über kurz oder lang krank.

Eheabende fest einplanen

In der Presse liest man manchmal, dass Ehepaare nur 10 Minuten am Tag wirklich miteinander reden. Ich glaube nicht, dass diese Zahl wirklich stimmt. Es kommt wohl darauf an, was man alles mitrechnet. Auch Telefonieren oder die Kommunikation über soziale Netzwerke? Erwiesen ist aber, dass das durchschnittliche Maß der Kommunikation im Laufe der Ehe immer mehr zurückgeht. Deshalb haben meine Frau und ich von Anfang an darum gekämpft, möglichst einen ganzen Tag, mindestens aber einen Abend pro Woche für uns als Ehepaar frei zu halten. Keine Einladung, kein Besuch. Nicht die Steuererklärung machen und nicht die Gardinen nähen, sondern nur wir beide allein. Mal im Restaurant, mal auf einer Bank am Rhein, im Winter gerne in der Sauna oder auch beim Wandern oder Fahrradfahren. Montagabend? Tut mir leid. Da kann ich nicht! Da habe ich schon einen Termin. Mit meiner Frau.

> *Montagabend?*
> *Tut mir leid.*
> *Da kann ich nicht!*
> *Da habe ich schon*
> *einen Termin.*
> *Mit meiner Frau.*

Gerade wenn das Leben immer turbulenter wird, ist es wichtig, eine intime Schnittmenge zu behalten. Je mehr der Alltag uns gefangen nimmt, desto nötiger wird es, gemeinsame Zeiten systematisch einzuplanen und gezielt zur Pflege der Ehe zu nutzen. Manchmal haben wir gemeinsam ein Ehebuch gelesen oder sind nach einem leckeren Essen eine selbst erstellte Checkliste von Fragen zum Zusammenleben durchgegangen. Wichtig ist, dass ein solcher Termin fest im Kalender steht und – wichtiger noch – uns ein echtes Anliegen ist.

Alte Themen und neue Fragen

Solche Freiräume sind nötig, damit wir uns nicht fremd werden. Zum einen geht es darum, neue Entwicklungen gemeinsam aufzuarbeiten. Zum anderen brechen zwischendrin alte Themen aus der Kindheit und Jugend auf, die der andere noch gar nicht kennt. Warum reagiert mein Partner so empfindlich und überzogen, vielleicht sogar irrational? Welche Ängste und Verletzungen und welche ungestillten Sehnsüchte treiben ihn an? All das sind Themen, die vielleicht erst im Laufe der Jahre an die Oberfläche kommen. Haben wir in dieser Phase noch keine offene Gesprächskultur entwickelt oder sie inzwischen verloren, ist die innere – und oft genug auch die äußere – Entfremdung geradezu vorprogrammiert. Ich empfinde dann: Das ist nicht mehr der Mann bzw. die Frau, die ich geheiratet und geliebt habe. Und ich weiß nicht, warum der Partner auf einmal so anders ist. Um das aufzuarbeiten und eine schleichende Entfremdung zu verhindern ist es wichtig, dass wir offen darüber sprechen. Nur so können wir damit umgehen. Solche Gespräche brauchen aber eine geschützte Atmosphäre und genügend Zeit.

Die Schnittmenge vergrößern

Wir müssen unser Leben lang an einer ausreichend großen Schnittmenge arbeiten – Qualitätszeit, die wir zwei miteinander teilen können. Ich will das noch einmal mit einem Vergleich veranschaulichen. Es ist ähnlich wie bei zwei Gegenständen, die miteinander verbunden werden sollen. Die Klebefläche auf beiden Teilen muss groß genug sein. Damit meine ich: Wir müssen Ausschau halten, welche gemeinsamen persönlichen Interessen uns auf Dauer verbinden und diese kultivieren. Wie sieht unsere Schnittmenge aus, und wie können wir sie vergrößern? Aber auch ein weiterer Aspekt ist wichtig. Auf Klebetuben steht

immer der Hinweis, dass die Klebeflächen „sauber und fettfrei"
sein müssen, wenn das Gesamtwerk halten soll. Übertragen
heißt das: Wie können wir die vorhandenen Schnittmengen von
fremden Einflüssen freihalten, damit ihre Bedeutung für uns
als Paar nicht verloren geht? Es ist sicher schön und aus vielen
Gründen sinnvoll, den Urlaub zusammen mit Freunden zu verbringen. Man muss sich nur klarmachen, dass man diese Pre-
miumzeit des Jahres dann nur sehr bedingt zur Vertiefung der
eigenen Beziehung nutzen kann. Wann sonst wollen wir einmal
ausführlich und in Ruhe über unsere Situation nachdenken, uns
aussprechen und unsere Zukunft planen?

Pläne ohne Beratung schlagen fehl.
Und wie gut ist das richtige Wort
zur rechten Zeit!

Sprüche 15,22-23

Anstöße zum Weiterlieben

♡ Wie groß ist unsere gemeinsame
Schnittmenge?
Reicht sie für eine stabile Beziehung, oder
müssen wir an ihrer Vergrößerung arbeiten?

♡ Was wissen wir vom Berufsalltag unseres
Partners und wie es ihm damit geht?

♡ Wie ist die Qualität unserer gemeinsam
verbrachten Zeit?
Begegnen wir einander wirklich,
oder verbringen wir die Zeit letztlich
doch nur parallel nebeneinander?

♡ Wieviel Intimität, Austausch und Begegnung
sind bei uns möglich?

♡ Wie sieht es mit einem regelmäßigen
Eheabend bei uns aus? Wollen wir so etwas?
Wie könnte der aussehen, und wie oft
könnte der realistisch stattfinden?
Wann fangen wir konkret damit an?

13 Die Sexualität gestalten und genießen

Glaubt man den Medien, dann ist Sex das einfachste der Welt. Die Wahrheit ist aber, dass es gerade hier große Ängste und Hemmungen gibt. Dahinter können Blockaden stehen, die durch die Erziehung und vielleicht auch negative Vorerfahrungen entstanden sind. Auf der anderen Seite gibt es Fantasien und Träume, Wünsche und problematische Ausprägungen. Es gibt das übermäßige Verlangen nach Sex genauso wie eine innere Sperre dagegen.

Fakt ist, dass auch die Sexualität durch den Sündenfall erheblich in Mitleidenschaft gezogen ist. Jedenfalls ist die erste Folge, die uns berichtet wird, dass die Nacktheit für Adam und Eva zum Problem wird. Es gibt also nicht mehr die optimale, unbeschwerte und unschuldige Intimität des Paradieses. Unsere Sexualität ist immer auch problembeladen, auch wenn man darüber nicht gerne spricht. Das wird man letztlich auch nicht völlig aufheben können. Aber wir können lernen, damit umzugehen und dabei glücklich zu sein. Dazu ist es wichtig, eine positive Grundeinstellung zur gemeinsamen sexuellen Beziehung zu finden.

Freude an der Sexualität

Gerade bei Christen schwingt manchmal die Vorstellung mit, der Geschlechtsakt sei irgendwie schmutzig und sündig. Es gibt die Auslegung, dass das Essen der verbotenen Frucht im Paradies ein Bild für den ersten Geschlechtsakt zwischen Adam und Eva sei. Wenn das richtig wäre, bestünde der Sündenfall geradezu im Sex, und Sex wäre die Grundform der Sünde. Das ist aber Unsinn. Schließlich werden Adam und Eva bereits vor dem Sündenfall von Gott selbst zum Ausleben ihrer Sexualität aufgefordert. Mehr noch, Gott gibt zum Sex ausdrücklich seinen Segen: „Und Gott segnete die Menschen und sagte zu ihnen: ‚Seid fruchtbar und vermehrt euch!'" (1. Mose 1,28)

Falsch ist auch die Vorstellung, Sexualität sei ausschließlich zur Zeugung von Nachwuchs bestimmt. Es gibt ein ganzes biblisches Buch, dass sich der Freude an der Sexualität widmet, das „Hohelied". Eine kleine Kostprobe mag reichen: „Deine Brüste sind zwei Zicklein, Zwillingsjunge der Gazelle, die in Blumenwiesen weiden. ... Deine Schönheit will ich preisen! Du bist lieblich, meine Freundin, und kein Fehler ist an dir! ...Verzaubert hast du mich, Geliebte, meine Braut! Wie glücklich du mich machst mit deiner Zärtlichkeit! Mein Mädchen, meine Braut, ich bin von deiner Liebe berauschter als von Wein. Du duftest süßer noch als jeder Salbenduft. Wie Honig ist dein Mund, mein Schatz, wenn du mich küsst, und unter deiner Zunge ist süße Honigmilch. Die Kleider, die du trägst, sie duften wie der Wald hoch auf dem Libanon." (Hoheslied 4,5.7.9-10)

Beten ist nicht wichtiger als Sex

Niemand sollte deshalb heiliger als Gott und prüder als die Bibel sein wollen. Die Bibel ist in diesen Fragen erfrischend realistisch und hilfreich. Paulus schreibt an die Korinther: „Damit ihr nicht der Unzucht verfallt, soll jeder Mann seine Ehefrau haben und jede Frau ihren Ehemann. Der Mann soll der Frau die eheliche Pflicht leisten und ebenso die Frau dem Mann. Die Frau verfügt nicht über ihren Körper, sondern der Mann; ebenso verfügt der Mann

> *Niemand sollte heiliger als Gott und prüder als die Bibel sein wollen.*

nicht über seinen Körper, sondern die Frau. Entzieht euch einander nicht – höchstens wenn ihr euch einig werdet, eine Zeit lang auf den ehelichen Verkehr zu verzichten, um euch dem Gebet zu widmen. Aber danach sollt ihr wieder zusammenkommen; sonst

verführt euch der Satan, weil ihr ja doch nicht enthaltsam leben
könnt." (1. Korinther 7,2-6)

Einander nicht entziehen

Die Formulierung „eheliche Pflicht" mag in unseren Ohren
heute befremdlich und sperrig klingen. Wir würden sie falsch
verstehen, wenn wir daraus das Recht ableiteten, uns einfach zu
nehmen, was uns zusteht. Im nächsten Kapitel wird uns deshalb
die Frage beschäftigen, wie wir zu einem gemeinsamen Umgang
mit der Sexualität finden können. Trotzdem sollten wir den Begriff nicht vorschnell beiseite schieben. Kehrt man den Gedanken nämlich um, verstehen wir seinen Sinn. Es ist unsere Bestimmung und gehört zu unserem Trauversprechen, den Partner
sexuell glücklich zu machen, so gut wir es können. Wir schenken
uns einander gegenseitig, und wir haben nicht das Recht, uns
dem anderen zu entziehen. Auch nicht mit frommen Scheinar-
gumenten. Nein, sagt Paulus, Beten ist nicht grundsätzlich wichtiger als Sex! Allenfalls mal als Ausnahme in bestimmten Situationen. Und auch dann nur, wenn ihr euch diesbezüglich einig
seid.

Genieße deinen Partner!

Der Grund ist, dass die Sexualität eine gewaltige Macht ist, die
man nicht einfach ignorieren kann. Sie ist – in der Gesellschaft
wie in der Ethik der Bibel – das Thema Nummer eins, weil sie
tatsächlich so wichtig ist. Sie ist wohl die stärkste Triebkraft des
Menschen. Und das hat sich nicht irgendwer, sondern Gott selbst
ausgedacht. Wie alles andere auch, ist unser Sexualtrieb aber seit
dem Sündenfall schwer beschädigt. Kein Wunder also, dass er
in besonderem Maße ein Einfallstor für den Teufel ist. Paulus
sieht den besten Schutz gegen sexuelle Verführung darin, dass

wir unsere Sexualität innerhalb der Ehe ausleben. Manchmal wird in christlichen Kreisen die Betonung auf die Begrenzung gelegt, nämlich dass die Sexualität nur in der Ehe ihren Platz hat. Die eigentliche Zuspitzung des Textes besteht aber darin, dass die Sexualität tatsächlich fröhlich und vital gelebt wird. Damit ist Paulus ganz nah bei der Weisheit des Alten Testaments, wie sie im Buch der Sprüche zum Ausdruck kommt: „Freue dich an der Frau, die du jung geheiratet hast. Sie soll dir viele Kinder schenken! Anmutig wie eine Gazelle ist sie. Ihre Brüste sollen dich immer berauschen, in ihren Armen kannst du dich selbst vergessen." (Sprüche 5,18-19)

Kreativität und Romantik

Ja, aber verbrauchen sich die erotische Anziehung und das sexuelle Verlangen nicht zwangsläufig im Laufe der Jahre? Ist der Tod der Erotik durch die Gewöhnung und den Alltagstrott nicht geradezu vorprogrammiert? – Ich will es an einem Vergleich deutlich machen. Ich kenne eine Familie, die einen wunderschönen Swimmingpool besitzt. Aber im Laufe der Zeit war es nicht nur selbstverständlich und langweilig, ihn zu benutzen. Ja mehr noch, der Pool machte Arbeit und verursachte Kosten. Und irgendwann wurde er nicht mehr benutzt und fing an zu verfallen. – Ich kenne aber auch ein anderes Paar, das ebenfalls einen Pool ihr Eigen nennt. Sie finden es wichtig, um ihrer Gesundheit willen, möglichst jeden Tag ein paar Runden zu schwimmen. Auch wenn das manchmal Überwindung kostet. Aber wenn sie erst einmal im Wasser sind und ihre Runden drehen, macht es jedes Mal Spaß, und erfrischt kehren sie in den Alltag zurück. Es war ein Entschluss, den sie gefasst hatten und den sie konsequent umsetzten.

Ich denke, wir können uns auch bewusst dafür entscheiden, unsere Sexualität ein Leben lang lebendig zu halten und miteinander zu kultivieren. Wir beschließen miteinander, dass wir eine Ehe führen wollen, in der die Sexualität einen hohen Stellenwert behält. Eine Beziehung, in der wir beide sexuell satt werden und uns aneinander freuen. Dazu gehören Kreativität und Romantik. Es muss ja doch nicht immer der gleiche Ablauf, möglichst noch im Dunkeln sein. Man kann auch neue Orte, neue Situationen, neue Zeiten, neue Rituale und neue Formen der Zärtlichkeit ersinnen. Das Ambiente, der Duft, die Beleuchtung, die Bekleidung animieren die Fantasie und beleben die Freude an der Sexualität. Wichtig ist, dass keiner dem anderen etwas aufdrängt, sondern dass beide gemeinsam unterwegs sind.

**Genieße jeden Tag
mit der Frau, die du liebst,
solange das Leben dauert,
das Gott dir unter der Sonne geschenkt hat,
dieses vergängliche und vergebliche Leben.
Denn das ist der Lohn
für die Mühsal und Plage,
die du hast unter der Sonne.**

Prediger 9,9

☞ *Die Anstöße zum Weiterlieben bezüglich
des Themas Sexualität folgen nach dem
nächsten Kapitel.*

14 Zu einem gemeinsamen Umgang
   mit der Sexualität finden

Machen wir uns nichts vor: Sexualität ist schön und schwierig zugleich. Das biblische Ideal, „ein Fleisch" zu werden (1. Mose 2,24) fällt einem Paar gerade in der Sexualität keineswegs einfach so in den Schoß. Vielmehr muss man hart an diesem Ziel arbeiten. Gerade beim Ausleben der Sexualität geht es um die Abstimmung von mitunter sehr unterschiedlichen Bedürfnissen und Möglichkeiten. Deshalb lauten die Aufgabe und das Geheimnis einer auf Dauer angelegten Ehe, zu einem gemeinsamen Umgang mit der Sexualität beider Partner zu finden. Das schließt sexuellen Verkehr genauso ein wie den Verzicht darauf.

Männer sind so!

Der durchschnittliche Mann ist nun einmal sexuell aktiver als die durchschnittliche Frau. Kein Mann muss sich dafür schämen oder entschuldigen, dass Sex ein wichtiges Thema für ihn ist. Ein Mann ist deshalb noch lange kein „Schwein". Wer solch ein Wesen nicht ertragen kann, sollte nicht heiraten! Umgekehrt ist es wohl so, dass Frauen – wieder sehr verallgemeinert gesprochen – sensibler sind als Männer und bei ihnen eine ganze Reihe von Faktoren stimmen müssen, um sich auf Sex mit ihrem Mann zu freuen. Auch Frauen müssen sich nicht dafür entschuldigen, dass sie so sind. Der Mann wird deshalb zu lernen haben, mit dem emotionalen und biologischen Zyklus seiner Frau zu leben. Und der richtet sich nun einmal weder nach seinen Wünschen noch nach seinem Terminkalender. Natürlich ist das ein vereinfachtes Klischee, und im Einzelfall kann es auch genau umgekehrt sein. An der Herausforderung ändert das nichts.

Sehr schnell gibt es Spannungen, weil einer der Ehepartner Wünsche und Erwartungen hat, die der andere noch gar nicht mitbekommen hat oder auf die er so schnell nicht eingehen kann. Die Erlebnisse des Tages, Stimmungen, Sorgen und Gedanken blockieren mitunter noch sehr lange. Auch Müdigkeit spielt eine große Rolle. Wie reagiert der enttäuschte Ehepartner dann? Kann er warten, vielleicht auch verzichten? Oder kommt es zu Vorwürfen und herabsetzenden Bemerkungen? Setzt er seinen vermeintlichen Anspruch einfach durch? Oder fühlt er sich gar berechtigt, sich anderswo zu holen, was er beim eigenen Partner nicht bekommt?

Zeiten für die Liebe bewusst einplanen

In jeder Ehe gibt es Zeiten, die eine geringere oder erhöhte Wahrscheinlichkeit bieten, dass man als Paar ungestört ist. Auf diese Zeiten kann man hinleben und entsprechend planen. Wir nehmen sie ernst wie einen Konzerttermin oder die Einladung zu einem Geburtstag. Und entsprechend überlegen wir, was wir vorher erledigen oder auf später verschieben können. Das bedeutet: Rechtzeitig die Kinder ins Bett bringen. Keine Telefonate kurz vorher annehmen. Nicht noch ein neues Fass aufmachen. Diese Zeit ist tabu und gehört uns. Unsere gemeinsame Zeit hat absolute Priorität, und wir verteidigen sie mit aller Kraft. Natürlich kann immer noch etwas dazwischenkommen. Aber wir haben das Risiko minimiert. Und wenn man denkt, man sei doch zu müde? Dann lassen wir uns trotzdem aufeinander ein. Zum einen kommt der Appetit gerade beim Sex mit dem Essen. Zum anderen müssen wir nicht irgendwelchen Vorstellungen genügen und eine Rekordleistung im Bett vollbringen.

Der Partner ist wichtiger als die Kinder

Eine besondere Herausforderung sind ohne Frage kleine Kinder. Am Anfang ist es sicher nötig, dass wir für sie jederzeit erreichbar sind. Aber manche Paare lassen es zu, dass ihr Zusammenleben auch Jahre später noch von den Kindern bestimmt wird. Ich bin jedoch überzeugt, dass die Beziehung der Ehepartner zueinander wichtiger ist und bleiben muss, als die zu den Kindern. Übrigens auch wichtiger als die zu den eigenen Eltern.

Kinder wissen schlichtweg nicht, dass ihre Eltern Menschen sind. Sie kennen deren Bedürfnisse nicht und kommen von sich aus nicht auf die Idee, darauf Rücksicht zu nehmen. Woher auch? Für sie sind Eltern nur Funktionäre in ihrer eigenen kleinen Welt, die sie unterhalten und versorgen. Auf Dauer müssen Kinder jedoch verstehen und akzeptieren lernen, dass sie nicht der Nabel der Welt und Papa und Mama nicht ihr Dienstpersonal sind.

Das Wichtigste, das wir unseren Kindern bieten können, sind verliebte und glückliche Eltern, die zusammenstehen. Davon profitieren auch die Kinder aufs Ganze gesehen am meisten. Und nebenbei erleben sie ein Modell für ihre eigene Zukunft. Ich plädiere also für eine gesunde Durchsetzung der eigenen Interessen der Eltern. Dass dabei die Kinder nicht

> *Glückliche Kinder und fröhliche Familie gibt es nur, wenn die Eltern Gelegenheit und Zeit für sich als Paar und ihre Sexualität finden.*

vernachlässigt werden dürfen, versteht sich von selbst. Aber glückliche Kinder und fröhliche Familie gibt es nur, wenn die Eltern Gelegenheit und Zeit für sich als Paar und ihre Sexualität finden.

Die Agape färbt auf die Erotik ab

Auch in der Sexualität ist der Ausgangspunkt für eine auf Dauer erfüllende Sexualität – welche Überraschung! – die Liebe. Natürlich nicht die Liebe der Seifenopern, sondern die Agape. Sie gibt die Kraft, zugunsten des anderen zu leben. Sie ermöglicht es, den anderen nicht nur zur Befriedigung der eigenen Wünsche besitzen zu wollen. Wie oben bereits allgemein gesagt: Ich will nicht Rechte und Ansprüche gegen ihn durchsetzen, sondern ihn glücklich machen. Die Agape weiß aber auch, dass Sex ein zentrales, berechtigtes und schönes Element der Ehe ist, das es gemeinsam zu kultivieren gilt. Und das in jeder Phase einer Ehe. Mit diesem Ziel haben die Ehepartner einander von Gott geschenkt bekommen. Der Bibelvers am Ende des Kapitels gilt selbstverständlich nicht nur für Männer, sondern genauso für Frauen. Wo beide Ehepartner sich dessen bewusst sind und Gott dafür danken, werden sie immer neu Freude an ihrer Sexualität haben – eine ganze Ehe lang! Bis ins Alter hinein.

Wer eine Frau gefunden hat,
hat das Glück gefunden;
der Herr meint es gut mit ihm.

Sprüche 18,22

Anstöße zum Weiterlieben

♡ Sehen wir unsere Sexualität als etwas Schönes
und Positives, das uns Gott geschenkt hat?
Oder ist das insgesamt ein eher
belastetes und belastendes Thema für uns?

♡ Wie zufrieden sind wir
mit unserem Sexualleben?
Haben wir noch Spaß daran
und können wir einander genießen?

♡ Haben wir zu einem gemeinsamen Umgang
mit der Sexualität von uns beiden gefunden?
Ist es für uns beide o.k.,
wie wir miteinander umgehen?
Oder sind Verweigerung oder
Rücksichtslosigkeit ein Problem,
das zwischen uns steht?

♡ Ist uns unser Partner wichtiger als die Kinder?
Oder haben wir uns längst zum Personal
der Kinder machen lassen?

♡ Wann ist die beste und ungestörteste Zeit,
um miteinander zu schlafen?
Wie können wir diese Zeit
von Störungen freihalten?

15 Gemeinsam Gott begegnen

Es gibt noch einen ganz anderen Bereich, der gewisse Parallelen zur Sexualität aufweist. Es ist die Frage, wie weit wir als Paar unseren Glauben miteinander teilen können. Dabei geht es um mehr und um tieferes, als das Tischgebet vor dem Essen. Wer betet und dabei nicht nur Worte macht, steht ja vor Gott so, wie er wirklich ist. Ihm kann man nichts vormachen. Gott kennt alles vom Beter, auch das, was der ansonsten vor anderen – auch vor dem Ehepartner, ja sogar vor sich selbst – versteckt. Vor Gott ist jeder im tiefsten Sinne nackt. Und damit ist das Gebet ein zutiefst persönliches, ja heiliges Erleben. Was ich empfinde, wenn ich so vor Gott stehe, was ich dann rede, wie sich mein Glaube hier ausdrückt, das alles ist ein hochsensibler und sehr intimer Bereich. Diese Situation verträgt kein Belächeln und keinen Zwang, etwas erklären oder begründen zu müssen. Sie setzt ein sehr tiefes Vertrauen der Ehepartner zueinander voraus.

> *Was ich empfinde, wenn ich so vor Gott stehe, verträgt kein Belächeln und keinen Zwang, etwas erklären oder begründen zu müssen.*

Offenbar gar nicht so einfach!

Vielen engagierten Christen ist es wichtig, einen gläubigen Partner zu finden. Dementsprechend haben sie bei ihrer Trauung im Gottesdienst bekannt, nicht irgendeine, sondern eine Ehe unter Gottes Einfluss führen zu wollen. Trotzdem gibt es viele christliche Paare, die sich schwer damit tun, ein gemeinsames Glaubensleben zu entwickeln. Sie scheuen sich, einander Einblick in ihren Umgang mit Gott zu gewähren und gemeinsam mit dem Partner Gott zu begegnen. Das kann mit konkreten Zeitproblemen zusammenhängen. Oft genug steckt dahinter aber auch die

Angst vor der oben beschriebenen Intimität. Man schämt sich, sich so weit vor dem Partner zu öffnen. Es ist offenbar viel leichter, körperlich nackt voreinander zu stehen, als sich geistlich eine Blöße zu geben.

Dabei liegt gerade darin eine große Chance für die Ehe. Wir haben ja gesehen, dass wir als Christen von der Agape leben, von der Liebe, die aus dem Himmel kommt. Durch sie bleiben auch die Gefühle der Verliebtheit und die sexuelle Zuneigung lebendig. Das heißt aber: Wenn wir in unsere Beziehung zu Gott investieren, profitieren wir beide und unsere Ehe davon. Je authentischer wir gemeinsam unseren Glauben leben, desto mehr kann uns Gott leiten. Und desto mehr wird er uns mit seiner spezifischen Liebe, der Agape erfüllen. Deshalb ist es wichtig, diesen Bereich ernst zu nehmen und bewusst zu gestalten.

Die „Stille Zeit" neu erfinden und entdecken

Ich weiß, dass das Thema „Stille Zeit" für manche ein rotes Tuch ist, weil es ihnen ein schlechtes Gewissen macht. Eigentlich hält man die persönliche Zeit mit Gott ja für wichtig, aber irgendwie kommt immer etwas dazwischen. In der Ehe wird das nicht einfacher. Im Gegenteil. Aber auch wenn ihr früher eure Zeiten und Formen dafür gefunden hattet, müsst ihr diese Zeit für euch als Paar neu erfinden. Die Ehe bietet dafür eine besondere Chance, aber auch eine Gefahr. Man kann sich gegenseitig im Wege stehen. Man kann sich aber auch fördern, indem man einander erinnert, gemeinsam Gottes Nähe sucht und gute Erfahrungen dabei macht. Wichtig ist, dass ihr diese Zeit nicht als Pflichtübung versteht, bei der ihr Gott ein wenig von eurer ohnehin schon knappen Zeit opfern müsst. Es geht darum, umzusetzen, was ich in Kapitel 7 grundsätzlich beschrieben habe: in alle Prozesse Gott einzubeziehen und den Alltag mit seiner Hilfe zu gestalten.

Nun ist es selbstverständlich so, dass das ganz persönliche Gespräch zwischen mir und Gott immer seinen Platz behalten wird, auch in der Ehe. Und doch können Eheleute es zunehmend lernen, einander auch Einblick in das Erleben an dieser Stelle zu gewähren. Aber es geht nicht nur um diesen Prozess der Öffnung. Das Neue Testament enthält eine ganze Reihe von Aufforderungen, gemeinsam zu beten. Jesus verspricht, es ernst zu nehmen, wenn seine Leute sich zum Beten treffen und sich dabei einig werden, worum sie eigentlich bitten wollen. Dahinter steckt ein Geheimnis. Es besteht darin, dass Jesus selbst in solchen Situationen mit dabei ist und – vielleicht unmerklich – die Sichtweise von uns verändert. Im Prozess des Betens und in seiner Gegenwart geschieht etwas mit uns als Paar. Jesus selbst beeinflusst unsere Gedanken und Gefühle und bringt unsere Vorstellungen zur Deckung mit seiner eigenen Sicht. Gleichzeitig gewinnen aber auch wir beide als Paar eine gemeinsame Perspektive. Und wenn wir das, was uns wichtig geworden ist, schließlich in Worte fassen, dürfen wir eines wissen: Jesus steht längst dahinter und wird uns bei der Umsetzung unterstützen.

Kein Mangel an Themen

Auch dieser Prozess muss – wie so vieles in der Ehe – miteinander eingeübt werden. Dazu braucht man Zeit, aber vor allem den Willen, sich diese Facette des gemeinsamen Lebens nicht nehmen zu lassen. Meine Frau und ich sind sicher privilegiert, dass wir durch meinen Beruf als Pastor die Freiräume haben, die meisten Tage mit einem biblischen Impuls und einer gemeinsamen Gebetszeit beginnen zu können. Wir orientieren uns am Ökumenischen Bibelleseplan und benutzen eine der zahlreichen Auslegungen dazu. So kommen wir automatisch alle vier Jahre durchs Neue und alle acht Jahre durchs Alte Testament. Anschließend beten wir konkret füreinander, aber auch für unsere Familie und Freunde, die Gemeinde und die Gesellschaft.

Jedes Paar muss selbst schauen, wo es die Lücken im Laufe des Tages und der Woche findet und wie es sie nutzen kann. Eines ist aber klar: Solange wir mit Gott über unser wirkliches Leben mit seinen Freuden und Nöten sprechen, wird uns der Stoff zum Gebet nie ausgehen. Und ganz nebenbei vertieft sich die intime Beziehung – zu Gott und zueinander.

„Das versichere ich euch:
Wenn zwei von euch auf der Erde
gemeinsam um irgendetwas bitten,
wird es ihnen von meinem Vater im Himmel
gegeben werden.
Denn wo zwei oder drei
in meinem Namen zusammenkommen,
da bin ich selbst in ihrer Mitte."

Matthäus 18,19-20

Anstöße zum Weiterlieben

♡ Was löst das Thema „Stille Zeit" bei uns aus?

♡ Wie war das vor unserer Ehe?
Welche Erfahrungen bringen wir
aus unserer Vergangenheit dazu mit?

♡ Haben wir gute Formen gefunden,
auch unseren Glauben zu teilen
und gemeinsam Gott zu begegnen?

♡ Fällt es uns schwer,
uns in Gegenwart des anderen
vor Gott zu öffnen?

♡ Was gehört in das ganz persönliche Gespräch
mit Gott, ohne den Partner?
Und was können wir ihm
gemeinsam vortragen?

♡ Wie wollen wir in Zukunft konkret vorgehen?
Wo sind in unserem Alltag
die passenden Lücken?

III Die Herausforderung bewältigen – Ehekrisen, das Normalste von der Welt

16 Du bist mit einem schlimmen Sünder verheiratet

Nach 40 Jahren als Pastor mit zahlreichen Trauungen und mancher späteren Scheidung habe ich es mir längst abgewöhnt, das Brautpaar und seine Gäste in der Traupredigt mit harmlosen, netten Wünschen und frommen Banalitäten zu langweilen. Ich habe manchmal den Eindruck: Je größer der Pomp und je wichtiger die Äußerlichkeiten sind, desto gefährdeter ist die Ehe. Das sorglose Feiern und die Gute-Laune-Party haben selbstverständlich ihr Recht – anschließend. Aber für den Traugottesdienst ist es mir zunehmend wichtig geworden, dem Brautpaar die Bedeutung der Zusagen Gottes und zugleich die Größe der Herausforderung deutlich zu machen.

Niemand erlebt die dunklen Seiten des anderen
so intensiv wie du

Je besser ich das Paar persönlich kenne, desto mutiger kann ich es wagen, die Wahrheit beim Namen zu nennen. Und die lautet: Ihr seid heute so verliebt und glücklich. Wenn man euch so sieht, möchte jeder glauben, eure Ehe wird der Himmel auf Erden. Aber das ist leider nicht die ganze Wahrheit. Ihr beiden versteht euch als Christen? Damit bekennt ihr zugleich, dass ihr so schlimme Sünder seid, dass ihr eigentlich den Tod verdient hättet, wäre Jesus nicht für euch gestorben.

Wie berechtigt Gottes Sichtweise ist, wird niemand so klar entdecken, wie euer Ehepartner. Niemand wird euch so nahe sein wie er oder sie. Und niemand wird deshalb so deutlich sehen, was alles in euch steckt und warum Jesus für euch sterben musste. Das alles könnt ihr schon heute wissen. Seid also nicht überrascht, wenn ihr entsprechende Erfahrungen mit dem anderen macht. – Das sind ziemlich deutliche Worte für eine Hochzeit. Ich weiß. Aber ich habe bisher immer nur dankbare Reaktionen darauf bekommen.

Einander nicht mit unrealistischen Erwartungen überfordern

Wir haben oftmals ein romantisch verklärtes Bild von Liebe und halten vor allem unsere positiven Seiten für liebenswert. Die Bibel aber sagt schonungslos, dass Gott uns als Sünder sieht und uns im vollen Wissen um diese Tatsache liebt. Seine Liebe schließt – wie wir bereits gesehen haben – von vornherein unsere negativen Seiten, die Defizite, die Widersprüchlichkeit und unser vorhersehbares Versagen mit ein. Hätten wir etwas mehr von der Nüchternheit Gottes, würden wir uns nicht so sehr mit unrealistischen Erwartungen überfordern und frustrieren.

> *Hätten wir etwas mehr von der Nüchternheit Gottes, würden wir uns nicht so sehr mit unrealistischen Erwartungen überfordern und frustrieren.*

Dass du mit einem Sünder verheiratet bist, bedeutet übrigens nicht, dass der andere ein besonders schlechter Kerl sein muss. Aber er ist Teil einer zerbrochenen Schöpfung, in der die Dinge nicht mehr so laufen, wie Gott das ursprünglich gedacht hat. Jeder von uns trägt die Auswirkungen und Spuren irgendwo in seiner Biografie mit sich. Mag sein, dass das erst in späteren Jahren so richtig deutlich wird. Umso wichtiger ist es, sich das von vornherein klarzumachen.

Aber natürlich gibt es auch Hoffnung auf positive Veränderungen – gerade für Christen! Schließlich will uns der Heilige Geist im Vollzug unseres Lebens verändern, wenn wir ihm dazu

Raum geben. Das wird aber nur gelingen, wenn wir die Augen vor der Realität nicht verschließen und um unsere Hilfsbedürftigkeit wissen. Die vermeintlich Gesunden wenden sich bekanntlich nicht an den Arzt, weil sie meinen, ihn nicht zu brauchen (Lukas 5,31). Das gilt auch im Blick auf den Heiligen Geist. Wenn ein Paar aber um seine Defizite weiß und sich immer wieder von Gott helfen und korrigieren lässt, wird die Ehe beiden Partnern helfen, sich positiv in Gottes Sinne weiterzuentwickeln.

Halten wir deshalb fest: Wer zu einem anderen Menschen Ja sagt, sagt damit nicht zu seinen eigenen Träumen von diesem Menschen und seinen Erwartungen an ihn Ja, sondern zu einer realen Person – so wie sie ist. Dieser Mensch wird sein Leben lang geprägt sein von seiner Genetik, seiner sozialen Prägung, seiner psychischen Grundausstattung, von schmerzlichen Erlebnissen und vielem mehr. Er selbst wird ein Leben lang unter seinen Defiziten und Grenzen leiden und hoffentlich daran arbeiten, dass seine Unarten nicht die Oberhand gewinnen. Und wenn es gut geht, helft ihr euch gegenseitig bei diesem Prozess. Das bewahrt euch davor, zu ungenießbaren Käuzen zu werden, die sich selbst und anderen das Leben schwermachen. Aber das eine müssen wir uns von vornherein klarmachen: Für eine Ehe stehen überhaupt nur Sünder zur Verfügung. Andere Menschen gibt es einfach nicht. Aber auch so gibt es ungemein viel Liebenswertes an diesem Menschen. Das gilt es zu entdecken, zu fördern und zu genießen.

> **Es gibt hier keinen Unterschied:**
> **Alle sind schuldig geworden**
> **und haben die Herrlichkeit verloren,**
> **in der Gott den Menschen**
> **ursprünglich geschaffen hatte.**
>
> **Römer 3,22-23**

Anstöße zum Weiterlieben

♡ Mit welchen meiner Eigenschaften
wird es mein Partner vermutlich
schwer haben, bzw. hat er es bereits schwer?

♡ Gibt es bei meinem Partner Bereiche,
die ich unterschätzt habe?

♡ Was könnte ggf. der Grund für eine
idealistische Verklärung meines Partners sein?

♡ Können wir über unsere
Ecken und Kanten reden?

♡ Wie reagiere ich, wenn ich auf Eigenschaften
aufmerksam gemacht werde, die der andere
als belastend empfindet?

♡ Haben wir bereits erlebt,
dass Gottes Geist uns positiv verändert
und ehefähiger gemacht hat?

17 Regelmäßige Wartungsarbeiten einplanen

Als meine Frau und ich zwei oder drei Wochen verheiratet waren, hatten wir unseren ersten handfesten Krach. Es ging darum, wer schuld daran war, dass unser Auto noch unabgeschlossen auf der Straße stand und wer nun noch einmal aufzustehen hatte, um das Versäumte nachzuholen. Eine Lappalie. Aber die Sache schaukelte sich hoch und wurde sehr emotional. Meine Frau war schockiert und überzeugt: Jetzt ist es aus mit unserer Ehe. Das ist das Ende! Das war es natürlich nicht, sondern eher der Auftakt für manchen weiteren Streit, der noch folgen sollte. Wir beide mussten erst lernen, mit Konflikten und Meinungsverschiedenheiten umzugehen und sollten noch viele Gelegenheiten dazu bekommen. Inzwischen wissen wir, dass solche Situationen normal sind und zu jeder Ehe dazugehören.

Männer sind anders, Frauen auch

Weil wir nach dem Sündenfall leben, sind Eheprobleme und Krisen nicht etwa eine unschöne Panne, die es eigentlich gar nicht geben sollte. Sie sind vielmehr absolut vorhersehbar und das Normalste von der Welt. Die grundlegende Unterschiedlichkeit von Mann und Frau, die zunehmenden Ansprüche und Einwirkungen von außen sowie die verschiedenen Altersphasen – all dies fordert uns als Eheleute immer wieder heraus, unsere Liebe zueinander neu zu gestalten. In gewissem Umfang sind solche Umbrüche und Krisen des Bisherigen geradezu notwendig für den Reifungsprozess und das Gelingen einer Ehe.

Die Unterschiede der Geschlechter sind ein nie enden wollendes Thema für Kabarett, Theater und die Filmindustrie. Der weit verbreitete Weltbestseller von John Gray bringt es auf den Punkt: „Männer sind anders. Frauen auch." (Originaltitel: „Men Are From Mars, Women Are From Venus".) Genau das, was einen am

Anfang am anderen fasziniert, nämlich dass er so herrlich anders ist, geht einem später gewaltig auf die Nerven. Hinzu kommen allgemeine Mechanismen unserer Psyche, wie sie uns auch außerhalb der Ehe – etwa im Berufsleben oder bei Freundschaften – begegnen. So erlebt etwa ein strukturierter und ordentlicher Typ die unkonventionelle und spontane Art seines Gegenübers zunächst als Befreiung von seinem eigenen, manchmal zwanghaften Verhalten. Nach einiger Zeit des Zusammenlebens merkt er aber, wie wenig er letztlich aus seiner Haut heraus kann und die Unberechenbarkeit des Gegenübers ihn provoziert.

Den Einfluss der Herkunftsfamilie erkennen

Auch unsere jeweilige Herkunftsfamilie prägt uns ein Leben lang. Manchmal bestimmen seit der Kindheit eingeschliffene Verhaltensmuster unsere Reaktionen, ohne dass uns das bewusst ist. Aber auch die Ablehnung solcher Prägungen kann zu Überreaktionen führen. So wie unsere Eltern wollen wir es auf gar keinen Fall machen. Je befremdlicher und überzogener die Reaktion deines Partners ist, desto mehr gilt: Nimm es nicht persönlich. Es hat vermutlich nicht primär etwas mit dir zu tun. Wahrscheinlich ist ein wunder Punkt, eine alte Narbe in der Seele berührt worden. Die aktuelle Situation wird mit früheren Erlebnissen verknüpft. Ganz unvermittelt bekommst du als Partner verbale Schläge ab, die in Wahrheit gar nicht dir gelten. Und es ist auch normal, dass du gar nicht begreifst, was da gerade passiert.

Wenn so etwas häufiger geschieht oder gar ein erkennbares Muster auftritt, müsst ihr euch gemeinsam an die Arbeit machen. Als erstes geht es darum, deinen Partner zu verstehen, damit du mit solchen Attacken halbwegs umgehen kannst. Noch einmal: Es geht gar nicht um dich! Allein, dass die Hintergründe verstanden und entlarvt werden, ist eine enorme Hilfe. Ich persönlich verwende in der Beratung von Paaren gerne die Paaranalyse von „Prepare/Enrich". Die Paare sind immer wieder erstaunt, wie genau die Ergebnisse bei relativ geringem Aufwand ihre Situation treffen. Anschließend könnt ihr gemeinsam mit einem Berater darüber nachdenken, wie ihr in Zukunft besser mit solchen Vorkommnissen umgehen wollt. Im Internet gibt es weitere Informationen zu diesem Tool. (vgl. u. a. www.prepare-enrich.eu)

Hilfe und Beratung in Anspruch nehmen

In einem zweiten Schritt müssen Verletzungen aus der Vergangenheit aufgearbeitet werden – unter Umständen mit professioneller Hilfe von geeigneten Beratern oder Therapeuten. Auch Eheseminare können helfen, einen neuen Blick von außen auf die Situation zu werfen und neue Ideen und Anregungen zu bekommen. Eine einfache Hilfe besteht darin, immer wieder einmal gemeinsam ein gutes Ehebuch zu lesen. Zum Beispiel im Urlaub.

In jedem Fall tut es gut, sich regelmäßig eine Auszeit zu nehmen und in die gezielte Pflege der Beziehung zu investieren. So wie man ja auch sein Auto regelmäßig wartet, damit es nicht unnötig bei einer Panne liegenbleibt. Außerdem erhält und erhöht man damit den Wert des Fahrzeugs. Wieviel mehr sollte uns das im Blick auf die Ehe wichtig sein. Die meisten Teilnehmer an Eheseminaren kommen nach meiner Erfahrung mit der Absicht, ihre ganz passable Ehe noch besser zu machen und vor allem für die Zukunft fit zu halten. Die beiden signalisieren

> *Die meisten Teilnehmer an Eheseminaren kommen mit der Absicht, ihre Ehe für die Zukunft fit zu halten. Die beiden signalisieren damit, wie sehr sie einander lieben und wie wichtig ihnen ihre gemeinsame Zukunft ist.*

damit, wie sehr sie einander lieben und wie wichtig ihnen ihre gemeinsame Zukunft ist.

Aber auch wenn die Risse tiefer und breiter werden oder sich bereits ein Zerbrechen der Beziehung andeutet, gibt es noch viele Möglichkeiten. Zum Glück gibt es inzwischen ein großes Angebot kompetenter Berater. Gewiss, nicht jeder ist gleichermaßen zu empfehlen. Aber wenn man sich ernsthaft auf die Suche macht, stehen die Chancen sehr gut, jemand Geeigneten zu finden. Am besten natürlich jemanden, der auch das Geheimnis der Agape kennt und die Kraft des Glaubens mit einbeziehen kann. Vielleicht findet man auch im Freundeskreis Paare, die man einmal fragen kann, wie sie sich in vergleichbaren Situationen verhalten. Nur eins sollte man nicht tun: die Krise ignorieren und einfach aussitzen. Der folgende Rat des Apostels Paulus bezieht sich zwar nicht auf die Ehe. Trotzdem macht er deutlich, wie wichtig es ist, bei Spannungen und Konflikten Hilfe von außen anzunehmen.

**Ich ermahne Evodia
und ich ermahne Syntyche,
dass sie sich als Schwestern
im Glauben vertragen.
Dich aber, mein bewährter Syzygus,
bitte ich, dass du ihnen dabei hilfst.**

Philipper 4,2–3

Anstöße zum Weiterlieben

♡ Gibt es in unserer Ehe wiederkehrende
Konfliktsituationen, die auf ein verborgenes,
problematisches Verhaltensmuster
schließen lassen?

♡ Was gefällt mir an den Gepflogenheiten
der Herkunftsfamilie meines Partners?
Und was stößt mich ab?

♡ Gibt es ein Paar in unserem Umfeld,
mit dem wir uns offen über Ehefragen
austauschen könnten?

♡ Was wollen wir als nächstes tun,
um weiter in die Qualität unserer Ehe
zu investieren?

18 Ein Leben im Turbomodus

Wenn ein Mann und eine Frau sich kennenlernen, haben sie hoffentlich zunächst eine unbeschwerte Phase mit viel Zeit füreinander. Aber ohne dass man es so recht merkt, verändert sich im Laufe der Zeit ein Baustein nach dem anderen. Immer mehr Kräfte wirken von außen auf die Dynamik der Ehe ein. Manchmal gleicht das Leben dann einem jener Fahrgeschäfte auf dem Jahrmarkt, bei denen Gondelkreuze auf einer Drehscheibe befestigt sind. Der einzelne Sitzplatz dreht sich um sich selbst. Doch er ist zugleich Teil einer Vierergruppe, die sich gleichzeitig um eine Achse dreht. Und auch die große Scheibe, auf der verschiedene Vierergruppen montiert sind, dreht sich – mal schneller, mal langsamer, mal rechts, mal links herum. Und als Höhepunkt kann die Drehscheibe auch noch senkrecht gestellt werden. Dabei können sich die verschiedenen Bewegungen zu enormen Fliehkräften addieren – oder sich auch bis zum Stillstand gegenseitig aufheben.

Hamsterrad und Karriereleiter

Wenn wir das Bild auf die Ehe und das Leben übertragen, heißt das: Man übernimmt Verantwortung im Beruf und wird entsprechend mehr gefordert. Sobald Kinder da sind, dreht sich alles in starkem Maße um sie. Das Paar ringt um eine Konzeption für Familie und Erziehung, aber oft genug verliert es dabei die Vision von der Ehe. Dabei hat der Einzelne durchaus mit sich selbst genug zu tun. Auch die Familie, die Firma, vielleicht auch gesellschaftliche und politische Entwicklungen wirken auf ihn ein. Das fühlt sich natürlich erheblich anders an, als die beschaulichen Zeiten der Verliebtheit. Es ist eine Krise, eine Infragestellung der früheren Zweisamkeit. Doch wen kann das überraschen? Die Frage lautet: Was müssen wir hinnehmen und ertragen, weil das Leben nun einmal so ist. Und was ist hausgemacht und unnötig, weil wir uns treiben und fremdbestimmen lassen?

Vielleicht gibt es tatsächlich ein paar Stellschrauben, an denen ihr drehen könnt. Was lässt sich streichen? Was würde euer Leben vereinfachen? Was kostet euch zusätzlich Kraft und Zeit, ohne dass es den Einsatz wert ist? Was treibt euch an? Wie wichtig ist die Karriere? Wieviel Geld müsst ihr verdienen? Geht nicht vielleicht alles auch einfacher? Schon mancher hat seine Ehe und Familie vernachlässigt und bis zum Umfallen gearbeitet und war selbst auf dem rauchenden Trümmerhaufen immer noch überzeugt: „Ich hab das alles doch nur für euch gemacht!" Wirklich? Es spielen so viele Motive mit, wenn wir uns in die Arbeitswelt stürzen. Von Markus Cerenak stammt der nette Satz: „Ein Hamsterrad sieht von innen aus wie eine Karriereleiter."

So und nicht anders ist das Leben

Auf der anderen Seite ist es wichtig zu sehen, dass es anderen nicht anders geht. Dass sich die Betriebstemperatur der Ehe verändert, gehört zum Alltags- und Arbeitsleben dazu. Wir machen nichts grundlegend falsch. So und nicht anders ist das Leben in dieser Welt. Hier leben wir als Paar und lieben uns. Hier helfen und ermutigen wir uns gegenseitig und werden zu reifen Persönlichkeiten. Hier stärken wir uns durch Achtung, Liebe und Vertrauen und geben uns gegenseitig Rückhalt und Kraft. Mal muss die Frau ihren Mann aufbauen und trösten. Dann wieder ist es umgekehrt. Wichtig ist, dass wir uns gegenseitig positiv beeinflussen und nicht noch zusätzlich herunterziehen oder gar zerstören.

Es wird auch wieder ruhiger werden. Es gibt ein Leben nach dem Kind! Aber um in den späteren Jahren überhaupt noch zusammen zu sein und das Leben gemeinsam genießen zu können, muss man die hochtourigen Jahre und ihre Herausforderungen bewältigt haben. Als meine Frau und ich in dieser Phase waren, habe ich einmal im Monat unsere vier kleinen Kinder allein betreut, damit meine Frau einen freien Tag hatte. Ich selbst war berufsbedingt im Vorteil und hatte als Teilnehmer an Seminaren oder bei Vortragsreisen immer wieder Freiräume und Abstand von der Familie. Unseren Urlaub haben wir manchmal über vier Wochen gestreckt. Die erste Woche war ich allein verreist. Dann kam meine Frau für zwei Wochen mit den Kindern nach. Und schließlich fuhr ich mit den Kindern wieder nach Hause, während meine Frau noch eine Woche ganz für sich hatte. Das wird nicht für jeden so passen und möglich sein. Aber auch hier gilt es, Gott immer wieder dazwischen zu lassen und die Situation bewusst im Dialog mit ihm zu gestalten.

> **Was hat ein Mensch davon,**
> **wenn er die ganze Welt gewinnt,**
> **aber zuletzt sein Leben verliert?**
> **Womit will er es dann zurückkaufen?**
>
> Matthäus 16,26

Anstöße zum Weiterlieben

♡ Was kostet uns Kraft und Zeit,
ohne dass es den Einsatz wert ist?

♡ Was müssen wir hinnehmen und ertragen,
weil das Leben nun einmal so ist?

♡ Wo empfinde ich,
dass ich bereits im Hamsterrad bin?

♡ Was treibt uns eigentlich an?

♡ Wie können wir uns als Ehepartner
gegenseitig unterstützen,
nicht auszubrennen?

19 Vorsicht zerbrechlich!

Es bleibt nicht aus, dass sich das Miteinander von Mann und Frau im Laufe der Zeit abnutzt und dass sich Routine breitmacht, wo es früher sprühte und knisterte. Das ist die Stelle, an der die Versuchung lauert, aus der Ehe auszubrechen. Im Büro oder im Verein begegnet man auf einmal jemandem, bei dem der Funke plötzlich überspringt. Der andere hat so viel Verständnis und kann so gut zuhören, während der Partner zu Hause mit ganz anderen Themen beschäftigt ist und sich kaum für mich zu interessieren scheint. Und er sieht auch noch gut aus und versteht es, Komplimente zu machen. So verliebt war man noch nie. Jetzt spürt man überhaupt erst, was man in den letzten Jahren vermisst hat. Was gerade passiert, ist etwas ganz Besonderes. Dafür haben die anderen einfach kein Verständnis. Etwas so Einmaliges haben sie einfach noch nicht erlebt. Das Herz steht in Flammen, und je länger ich mit dem Feuer spiele, desto mehr erhitzt es mich. Und damit droht es, die Ehe zu zerstören.

Ein Seitensprung ist aber nicht nur eine kleine Abwechslung am Rande. Vielmehr fügt er der Ehe – wie einer wertvollen Vase – einen Sprung zu, der sich nicht so einfach kitten lässt und der letztlich immer sichtbar bleiben wird. Zwar sieht unsere Gesellschaft das inzwischen mehrheitlich längst anders. Aber als Christen wird uns das nicht überraschen oder beeindrucken. Wir leben an vielen Stellen nach eigenen Regeln und verfolgen andere Ziele als andere.

Vorsicht Brandgefahr!

Beim richtigen Feuer gibt es zum Glück inzwischen an vielen Stellen Rauchmelder. In öffentlichen Gebäuden sind Brandschutztüren Pflicht, die sich im Falle eines Brandes selbsttätig schließen und die Ausbreitung der Flammen verhindern. Und natürlich sind auch die Rettungswege für den Ernstfall ausgeschildert. All diese Maßnahmen helfen, rechtzeitig die Flucht zu ergreifen und nicht durch Rauch oder Flammen umzukommen. Wichtig ist zu wissen: Während eines Brandes kann niemand mehr Schutzmechanismen einbauen und Rettungswege ausschildern. All das muss vorher geschehen sein. Und die Verantwortlichen für ein solches Gebäude müssen ganz genau wissen, was sie im Notfall zu tun haben. Deshalb gibt es auch immer mal wieder gesetzlich vorgeschriebene Brandschutzübungen. Dem vergleichbar gibt es auch für die Ehe Schutzvorkehrungen.

Weil die Ehe von außen und von innen gefährdet und bedroht ist, schützt Gott sie durch klare Ansagen. „Du sollst nicht ehebrechen!" (2. Mose 20,14), gehört bekanntlich zu den Zehn Geboten, also zu den elementaren Anweisungen Gottes für ein gelingendes Zusammenleben. Gott richtet damit ein Tabu auf, eine Grenze, die wir auf keinen Fall überschreiten sollen. Er tut dies aber nicht etwa, um uns einzuschränken oder um uns zu moralisch perfekten Wesen zu machen. Sein Anliegen ist unser Glück. Wer glücklich werden und bleiben möchte, für den muss feststehen, dass die eigene Ehe heilig und unantastbar ist.

Bei der beschriebenen neuen und scheinbar einzigartigen Liebe handelt es sich in Wahrheit um eine Standardsituation, die nach leicht zu durchschauenden Regeln immer und immer wieder abläuft. Sie kann unvermittelt auf jede Ehe zukommen. Jetzt ist Treue gefordert. Die Treue, die man sich bei der Trauung versprochen hat. Genau für diese Situation war das Treueversprechen gedacht. So wie Brandschutzpläne für den Ausbruch eines Brandes gedacht sind, so ist das Treueversprechen für

> *So wie Brandschutzpläne für den Ausbruch eines Brandes gedacht sind, so ist das Treueversprechen für die Versuchung zur Untreue gedacht. Nun hängt alles daran, ob ich den Rettungsplan befolge oder nicht.*

den Ernstfall, nämlich die Versuchung zur Untreue gedacht. Nun hängt alles daran, ob ich den Rettungsplan befolge oder nicht. Immer wieder wird von Brandkatastrophen berichtet, bei denen Fluchtwege verriegelt oder Feuerschutztüren mit Keilen außer Funktion gesetzt waren. Auf die Ehe übertragen heißt das: Auch Christen scheinen manchmal ihr Gehirn und ihr Gewissen einfach ausgeschaltet zu haben. Mit nicht weniger verheerenden Folgen als bei einem Brand.

Gottes Logik folgen

Es ist eine Frage des Willens, ob ich der Versuchung nachgebe, oder ob ich ein Stopp setze und die Spur nicht weiterverfolge. Dafür habe ich nicht beliebig lange Zeit. Wie gut, wenn ich Freunde habe, die mir die Augen öffnen für das, was gerade mit mir geschieht und was ich tue. Und wie gut, wenn ich sensibel genug bin, Gottes Reden in meinem Gewissen zuzulassen.

Für Menschen, die Gott vertrauen, sind Gottes Gebote nicht in erster Linie Verbot und Drohung. Vielmehr beschreiben sie eine innere Logik. Die Gebote lassen sich nämlich auch als Futur und somit als Konsequenz übersetzen. Zumindest schwingt dieser Ton immer mit: „Du wirst die Ehe nicht brechen!" Dafür gibt es gute Gründe, denn du weißt, wer Gott ist und was du ihm verdankst. Gott selbst sagt von sich in der Einleitung zu den Geboten: „Ich bin der Herr, dein Gott! Ich habe dich aus Ägypten herausgeführt, ich habe dich aus der Sklaverei befreit." Diese Befreiung – für Israel damals aus Ägypten, für uns heute aus den Zwängen unserer Gesellschaft – soll uns bestimmen.

Es ist, als sagte mir Gott: Du wirst doch nicht allen Ernstes nach den wenig überzeugenden Standards der Menschen um dich her leben wollen, die aus ihrer Ehe ausbrechen und das für normal halten. Du wirst dich doch nicht vom allgemeinen Trend gefangen nehmen lassen und einfach mitmachen was viele tun. Du weißt doch besser, was gut für dich ist und was ich, Gott, mit dir vorhabe.

**Mein Sohn,
willst du wirklich dein Glück
bei einer anderen suchen
und dich an den Brüsten
einer Fremden berauschen?**

Sprüche 5,20

Anstöße zum Weiterlieben

♥ Wie kann ich die ersten Anzeichen
einer Versuchung erkennen?

♥ Habe ich hinreichend klare
„Brandschutzpläne" und weiß ich,
wie ich reagieren kann?

♥ Habe ich Freunde, die ich einweihen
und um Rat fragen kann?

♥ Könnte ich mit meinem Ehepartner
offen darüber sprechen, wenn ich mich
von einer anderen Person angezogen fühle?
Oder wäre das kontraproduktiv
und würde bereits zum Eklat führen?

♥ Welche Eigenschaften einer dritten Person
könnten für mich verführerisch sein?

♥ Was wünsche ich mir von meinem Partner,
was mir die andere Person
vermeintlich zu geben scheint?

20 Vergebung – Privileg und Supertool für Christen

Du bist mit einem schlimmen Sünder verheiratet. Mit dieser ernüchternden Aussage ist das Kapitel 16 überschrieben. Ich habe dort ausgeführt: Niemand wird so klar entdecken, wie ihr als Ehepartner, was alles in euch steckt und warum Jesus für euch sterben musste. Seid also nicht überrascht, wenn ihr entsprechende Erfahrungen mit dem anderen macht. – Jaja, kann man vielleicht denken. Wir wissen ja, dass wir unsere Ecken und Kanten haben und nicht ganz einfach sind. Schon klar, dass wir uns auch gegenseitig verletzen werden. Damit kann man durchaus zu leben lernen, indem man nicht alles gleich auf die Goldwaage legt. Was aber, wenn es tatsächlich zu massiven Verletzungen kommt, die einen tiefen, vielleicht sogar unüberbrückbaren Graben zwischen euch aufreißen?

Frei werden für die Zukunft

Bei Fernsehberichten über große Strafprozesse werden immer wieder Opfer nach ihren Empfindungen befragt. In der Regel betonen sie, wie wichtig die Verurteilung und Bestrafung des Täters für sie ist. Es geht nicht nur um Genugtuung im Blick auf das Geschehene. Wichtiger ist oft die Zukunftsperspektive. Nach der Verurteilung können die Betroffenen endlich zur Ruhe kommen und neu anfangen. Für uns Menschen ist es wohl nötig, dass es für Schuld einen Ausgleich gibt. Ohne diesen ist unsere Seele aufgewühlt, weil sie sich mit dem offensichtlichen Unrecht nicht versöhnen kann.

Auch in der Ehe kann es zu solchen Situationen kommen. Am häufigsten ist das nach einem Ehebruch der Fall. Aber auch andere Schuld kann dauerhaft und massiv die Beziehung beeinträchtigen. Menschlich gesehen hat der verletzte Partner durchaus das Recht, dem anderen seine Schuld vorzuhalten und ihn vielleicht sogar immer wieder daran zu erinnern. Damit hat man den anderen im Griff. Er ist erpressbar. Man kann ihm jederzeit ein schlechtes Gewissen machen und damit in die gewünschte Richtung manipulieren. Mit einer glücklichen Beziehung hat das allerdings wenig zu tun. Die Frage lautet also, wie eine konstruktive Alternative aussehen kann.

Ein Erlebnis, das uns jahrelang blockiert hat

Zwischen meiner Frau und mir stand über viele Jahre ein Erlebnis, das sich bei der Geburt unseres ersten Kindes ereignet hatte. Weil es meiner Frau in den Tagen vor der Entbindung nicht gut ging, musste sie das Wochenende im Krankenhaus verbringen. Ich selbst war mit einem großen, mehrtägigen Jugendevent beschäftigt und deshalb froh, dass meine Frau gut aufgehoben war. Am Montagmorgen fuhr ich in die Klinik, um bei ihr zu sein. Nachmittags war es dann endlich so weit. Man kann es sich heute gar nicht mehr vorstellen, aber als unsere ersten Kinder geboren wurden, war es ganz und gar unüblich, dass Väter bei der Entbindung dabei waren. Unser Krankenhaus war besonders fortschrittlich, und das bedeutete, dass die Väter die Geburt in einem Nebenraum auf einem Bildschirm mitverfolgen konnten. Ehrlich gesagt reichte mir das, denn mit Blut, Operationen und dergleichen tue ich mich etwas schwer. Nachdem alles überstanden war, durfte ich meine Frau sehen und unseren Jungen in den Arm nehmen. Ein wunderbarer Augenblick für jeden Vater! Doch wie ging es nun weiter? Meine Frau war erschöpft und gut versorgt, und ich hatte großen Hunger. Deshalb verabschiedete ich mich und ging in eine Pizzeria zum Essen.

Was ich nicht wusste war, dass meine Frau in dieser Zeit starke Nachblutungen bekam, die sich nicht stillen ließen. Acht Ärzte und Pfleger kämpften um ihr Leben, während ich mir die Pizza schmecken ließ. Mir tat es hinterher leid, dass ich meiner Frau nicht beistehen konnte. Andererseits wusste ich auch nicht, was ich hätte ausrichten können. Deshalb war ich mit der Situation bald wieder versöhnt. Für meine Frau aber war das Ganze geradezu traumatisch. Sie hatte sich von mir „hängen gelassen" gefühlt, wie sie sagte. Gerade jetzt, wo sie mich so dringend brauchte, war ich nicht da.

Erst viele Jahre später konnten wir die Sache aufarbeiten. Ich war in diesen Jahren immer wieder tagelang dienstlich unterwegs. Währenddessen war meine Frau mit unseren vier Kindern allein und oft genug überfordert. Immer wieder gab es gerade in solchen Wochen größere und kleinere Katastrophen. Unfälle der Kinder, defekte Küchengeräte oder Schäden am Haus. Und plötzlich war es wieder da: dieses Gefühl, hängengelassen zu werden, während ich fröhlich unterwegs war. Irgendwann eskalierte dann die Situation und es kam zu einem handfesten Streit, bei dem alles explosionsartig herauskam. Ich begriff die Zusammenhänge und tat das einzige, was man in einer solchen Situation tun kann: Ich bat sie um Vergebung für meine Gedankenlosigkeit und meinen Egoismus damals bei der Geburt. Und meine Frau sprach sie mir zu. Wir konnten mit den Vorkommnissen der Vergangenheit gemeinsam zu Gott gehen und ihn um das Gelingen eines neuen Anfangs bitten. Und schließlich konnten wir nach Lösungen suchen, in Zukunft besser mit solchen Situationen umzugehen.

Beispiele aus der Bibel

Auch in der Bibel ist Schuld ein großes Thema – um nicht zu sagen, das zentrale Thema überhaupt. Auffällig ist, dass die Bibel das Thema im Leben ihrer Hauptfiguren keineswegs verschweigt und verharmlost. Man denke an Josef, der das Opfer seiner gewissenlosen Brüder wurde. Oder an David, der den Ehemann seiner Geliebten ermorden ließ, um freie Bahn zu haben. Bis hin zu Petrus, der erst große Töne spuckte, was seine Treue anging, und dann Jesus in erbärmlicher Weise verleugnete.

Aber die Bibel zeigt auch, dass es eine andere Möglichkeit als Vergeltung und Rache gibt: die Versöhnung unter Mitwirkung Gottes. Am deutlichsten wird das im Tod von Jesus Christus. Gott selbst schafft den Ausgleich für alles, was zwischen uns und ihm steht und uns eigentlich aus seiner Nähe völlig vertreiben müsste.

Christen wissen das. Schließlich ist das der Kern des Neuen Testaments. Und meist wissen sie auch, dass dies zur Konsequenz haben soll, dass auch wir zur Vergebung bereit sind. Im Vater-Unser-Gebet beten wir: „Vergib uns unsere Schuld, wie auch wir vergeben unsern Schuldigern." (Matthäus 6,12) Darüber hinaus macht Jesus in einer drastischen Geschichte deutlich, dass man die eigene Vergebung aufs Spiel setzt, wenn man nicht ebenfalls zur Vergebung bereit ist. Er erzählt von einem Knecht, der von seinem Herrn einen Riesenbetrag erlassen bekommt. Gleichzeitig bringt dieser Knecht es aber fertig, einen Mitknecht wegen eines viel geringeren Betrags ins Gefängnis werfen zu lassen (Matthäus 18,21-35). Jesus macht deutlich, die Vergebung ist nicht in unser Belieben gestellt, sondern sie ist Gottes Wille und Gebot. Trotzdem tun sich viele Christen enorm schwer damit, wirklich zu vergeben. „Vergeben ja, vergessen nein!", lautet manchmal ihre halbherzige Lösung für dieses Problem. Aber das ist nicht gemeint.

Es spielt für die Zukunft keine Rolle mehr

Schauen wir uns noch mal die oben erwähnten Beispiele aus der Bibel an. Mir fällt auf, dass in allen Fällen die Schuld deutlich angesprochen und sorgfältig aufgearbeitet wird. Anschließend wird sie aber nicht mehr erwähnt. Gott macht mit den Menschen weiter, als wäre die Schuld nie geschehen. So gebraucht er nicht nur den sympathischen Josef, sondern auch seine kriminellen Brüder, um mit ihnen die Geschichte seines Volkes Israel zu gestalten. Der Ehebrecher und Mörder David wird durch Gottes Hilfe zum größten und bedeutendsten König Israels. Und der Sprücheklopfer Petrus bleibt der Fels, auf dem Jesus seine Gemeinde bauen will. Ihre Schuld ist nicht nur formal vergeben, sondern sie spielt auch keine Rolle mehr. In diesem Sinne ist sie tatsächlich auch „vergessen".

Was Gott von uns erwartet, und was die Bibel uns in Beispielen berichtet, ist eine reale Möglichkeit – und vor allem ist es eine Riesenchance. Ein echtes Privileg für christliche Paare, das wir unbedingt nutzen sollten. Es geht nicht um eine Psychotechnik, die wir einfach zum Einsatz bringen könnten. Vielmehr ist Vergebung ein mächtiges Werkzeug Gottes, das er uns in die Hand gibt, damit wir es anwenden. Vergebung bedeutet nicht, dass eine tiefe Wunde plötzlich verschwunden ist. Sie bedeutet aber, dass Gott einen Krankheitsherd entfernt und einen Heilungsprozess einleitet. Am Ende bleibt eine Narbe zurück, und wenn wir darauf drücken, spüren wir, dass da einmal etwas war. Aber es sind nicht mehr die alten Schmerzen.

> *Vergebung ist keine Psychotechnik, sondern ein mächtiges Werkzeug, das Gott uns in die Hand gibt, damit wir es anwenden.*

Natürlich gehören zur Vergebung immer zwei, und für beide ist es wichtig, die Vergebung auch wirklich zu wollen. Aber einer muss den Stein ins Rollen bringen. Die Initiative dazu kann durchaus von beiden Seiten ausgehen, vom Verursacher wie vom Betroffenen. Bei gravierenden Verletzungen ist es unter Umständen hilfreich oder sogar nötig, einen Seelsorger mit einzubeziehen. Aber das muss, wie unser eigenes Beispiel zeigt, nicht immer der Fall sein. An dieser Stelle kann ich nur beschreiben, wie der Heilungsprozess für ein Paar in etwa abläuft und Mut machen, dieses mächtige Werkzeug Gottes anzuwenden. Selbstverständlich müssen auch die Rahmenbedingungen für einen solchen Vorgang gut gewählt sein. Ich sehe folgende Schritte:

1. Wollen:
Am Anfang steht eine klare Entscheidung. Ich will an unserer Liebe festhalten und sehne mich danach, dass es wieder gut zwischen uns wird. Die Vergebung liegt in meinem eigenen Interesse.

2. Aussprechen:
Ich nenne die Schuld des Partners beim Namen und mache deutlich, was sie mit mir gemacht hat und wie sie meine Beziehung zum anderen bis heute beeinträchtigt.

3. Bekenntnis:
Der andere stellt sich zu seiner Schuld, ohne sie zu verharmlosen oder wegzudiskutieren. Auch wenn es schwer über die Lippen kommt, ist es wichtig, den Satz auszusprechen: Bitte vergib mir.

4. Zuspruch:
Ebenso ist es nötig, die Vergebung konkret zuzusprechen und damit jeden Anspruch an den anderen aufzugeben. Die Vergangenheit soll unsere Zukunft nicht mehr belasten.

5. An Gott abgeben:
Ich verzichte bewusst auf Vergeltung und Strafe und trete alle meine Anrechte auf Wiedergutmachung an Gott ab. Alles Weitere ist Gottes Sache.

6. Neues aufbauen:
Es braucht Zeit, bis die Vergangenheit durch neue, positive Erfahrungen überschrieben ist. In eure Zukunft solltet ihr als Paar nun umso mehr investieren.

Die Liebe
trägt das Böse nicht nach.
Sie ist nicht schadenfroh,
wenn anderen Unrecht geschieht,
sondern freut sich mit,
wenn jemand das Rechte tut.
Die Liebe gibt nie jemand auf.

1. Korinther 13,5-7

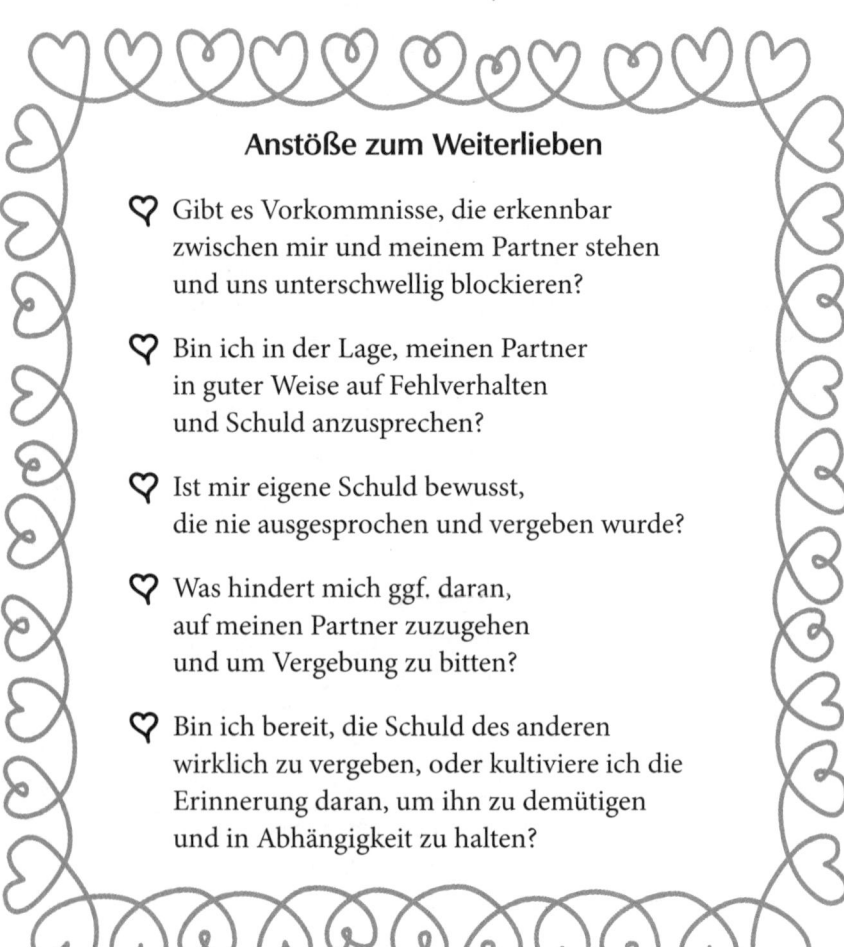

Anstöße zum Weiterlieben

♡ Gibt es Vorkommnisse, die erkennbar
zwischen mir und meinem Partner stehen
und uns unterschwellig blockieren?

♡ Bin ich in der Lage, meinen Partner
in guter Weise auf Fehlverhalten
und Schuld anzusprechen?

♡ Ist mir eigene Schuld bewusst,
die nie ausgesprochen und vergeben wurde?

♡ Was hindert mich ggf. daran,
auf meinen Partner zuzugehen
und um Vergebung zu bitten?

♡ Bin ich bereit, die Schuld des anderen
wirklich zu vergeben, oder kultiviere ich die
Erinnerung daran, um ihn zu demütigen
und in Abhängigkeit zu halten?

21 Öl ins Feuer oder auf die Wogen gießen?

Die Formulierung „Öl ins Feuer gießen" kennt wohl jeder. Weniger bekannt ist vermutlich die Redensart „Öl auf die Wogen gießen". Öl ist leichter und viskoser als Wasser und bildet einen Film auf der Oberfläche von Wasser. Die Vorstellung dahinter ist, dass – auf stürmische See gegossen – das Öl die Wellen beruhigt und glättet. Im übertragenen Sinn geht es darum, Menschen bei starken Gefühlsausbrüchen zu beruhigen, in Konflikten zu vermitteln und Streit zu schlichten. Das Bild vom Öl im Feuer bedarf wohl keiner Erklärung. Es meint das Gegenteil, nämlich die Emotionen zusätzlich anzufeuern und zu verstärken. Die Frage ist: Neigen wir von unserem Wesen her eher dazu, einen Konflikt in unserer Ehe weiter anzuheizen und zuzuspitzen? Oder sind wir in der Lage, zu deeskalieren und Schritte in Richtung Frieden zu gehen? Wir müssen uns klarmachen: Was immer wir tun und sagen, wie immer wir reagieren, hat Folgen. Noch einmal im Bild vom Öl gesprochen: Wir vergießen in jedem Fall Öl und beeinflussen die weitere Entwicklung unseres Miteinanders.

Immer diese Nörgelei!

Ich habe ein Ehepaar vor Augen, das es über viele Jahre eingeübt hat, die Fehler des anderen zu entdecken und anzumerken. Mal ironisch witzig, mal sachlich, aber oft auch genervt und aggressiv. Besonders der Mann funktioniert wie ein Metalldetektor auf der Suche nach Schrott. Er ist hoch sensibilisiert und springt sofort an, wenn seine Frau sich mal wieder ungeschickt verhält, etwas vergessen hat oder sich falsch ausdrückt. Dabei hat er durchaus Recht. Was er kritisiert, kann man sehr wohl kritisieren. Muss man aber nicht. Die Folge ist, dass seine Frau permanent in der Defensive lebt. Um mit ihrem Selbstwertgefühl nicht völlig unterzugehen, muss sie die Vorhaltungen mit Fehlern ihres Mannes kompensieren. Also lässt sie keine Gelegenheit aus, es ihrem Mann heimzuzahlen, um nicht allein als Dummerchen oder Versagerin dazustehen. Die Folge ist eine von Nörgelei geprägte Grundstimmung.

Man muss keineswegs jedes Versagen und jede Schwäche des Partners thematisieren. Man muss auch nicht jeden Streit bis zum Ende ausfechten. Man muss nicht auf seinem tatsächlichen oder vermeintlichen Recht bestehen und dafür bis zum Sieg kämpfen. Das Ziel in einer Ehe kann es nämlich nicht sein, den anderen nach seinen Vorstellungen zu formen und zu verändern. Das Ziel ist es, ihn zu lieben – mit seinen Eigenheiten und Schrulligkeiten.

Nicht umerziehen, sondern lieben

Ich selbst möchte jedenfalls nicht belehrt, dressiert und umerzogen werden. Nicht von meiner Frau. Von ihr möchte ich verstanden, getröstet, unterstützt, bestätigt, gelobt – kurz: geliebt werden. Natürlich gehört auch Kritik zu einer reifen Beziehung. Aber alles zu seiner Zeit. Wenn ich mich geliebt und bejaht fühle, kann ich meine Verteidigungshaltung aufgeben und bin viel offener für Kritik. Und die Bereitschaft wächst in mir, mich zu ändern – nicht weil das von mir gefordert wird, sondern weil ich meine Frau liebe. Ein Mensch, der sich angenommen und geliebt weiß, der keine Angst hat, sofort kritisiert und bloßgestellt zu werden, kann sich viel leichter zu seinen Fehlern bekennen, darüber lachen und daran arbeiten.

> *Ich möchte nicht belehrt, dressiert und umerzogen werden. Ich möchte verstanden, getröstet, unterstützt, bestätigt, gelobt – kurz: geliebt werden.*

Ein langjähriges Problem in unserer Ehe ist, dass wir selten mit der Zeit hinkommen und uns leicht einmal verspäten. Meine Frau versucht mir seit vielen Jahren abzugewöhnen, zu knapp zu planen und kann bei diesem Thema auch schon mal bissig werden. Aber ehrlich gesagt bin ich der Ansicht, dass sie mindestens genauso oft an der Verspätung schuld ist wie ich. Wie oft warte auch ich im Auto, weil sie noch etwas vergessen hat oder nicht findet. Genüsslich koste ich solche Situationen aus. Aber selbst wenn ich schuld bin, gebe ich so schnell nicht nach, sondern verteidige mich weiterhin. (Bevor ich Theologie studierte, wollte ich Rechtsanwalt werden.) Das habe ich inzwischen nicht nur durchschaut, sondern auch vor Gott und meiner Frau bekannt.

Den Blick auf das Positive richten

Wir liefern uns also viele gute Gründe, die Stimmung schlecht und aggressiv zu machen. Die Frage ist, ob wir das wirklich wollen. – Ich will das nicht! Also muss ich abwägen: Wo muss ich den anderen nehmen wie er ist, und wo muss ich wirklich darauf bestehen, dass er sich ändert? An welchen Stellen und in welchem Maß kann er sich überhaupt ändern? Wie begründet ist mein Wunsch nach Veränderung, und wie berechtigt ist sein Anspruch, zu bleiben wie er ist? Die Frage ist nicht immer leicht zu beantworten. Aber auch der anderen Frage müssen wir uns stellen: Was ist destruktiver für unser Miteinander? Die kauzigen Eigenarten des anderen – oder mein Bemühen, sie ihm abzutrainieren? Vielleicht liegt die größere Kauzigkeit ja bei mir, weil ich den Oberlehrer und Weltverbesserer einfach nicht abstreifen kann.

Paulus ermuntert in einem Brief an die Christen in Philippi zu einer positiven Grundhaltung aufgrund ihres Glaubens. Er schreibt (Philipper 4,8): „Richtet eure Gedanken auf das, was schon bei euren Mitmenschen als rechtschaffen, ehrbar und gerecht gilt, was rein, liebenswert und ansprechend ist, auf alles, was Tugend heißt und Lob verdient." So kann man es auch machen. Die eigenen Gedanken bewusst auf das Positive lenken. Paulus geht offensichtlich davon aus, dass wir Steuerungsmöglichkeiten haben. Und ich bin überzeugt, dass er Recht hat. Wir können bewusst den Blick auf das Positive richten und dies unserem Partner wertschätzend widerspiegeln: Das gefällt mir an dir. Dafür liebe ich dich. Das kannst du wirklich gut. Das finde ich nicht selbstverständlich. Dafür danke ich dir. Das bewundere ich an dir.

> **Behandelt die Menschen so, wie ihr selbst von ihnen behandelt werden wollt.**
>
> Matthäus 7,12

Anstöße zum Weiterlieben

♡ Wie bin ich eigentlich von Natur aus? Jemand, der eher Öl ins Feuer oder auf die Wogen gießt? Und wie erlebe ich diesbezüglich meinen Partner?

♡ Wo will ich mich entscheiden, den anderen anzunehmen, wie er ist? Und wo will ich weiter auf Veränderung setzen?

♡ Wo neige ich zum Herumnörgeln am anderen? Bei welchen Themen, in welchen Situationen?

♡ Wo gibt es Gutes beim anderen, das ich leicht übersehe und gering achte?

22 Konfliktfähigkeit oder Streitsucht?

Muss man eigentlich jeden Streit zu Ende bringen, bis es einen Sieger und einen Verlierer gibt? Oder kann man Fragen auch offen und ungeklärt lassen, obwohl man zutiefst überzeugt ist, im Recht zu sein? Wäre so ein Verhalten unehrlich und harmoniesüchtig? Ist es nicht notwendig, seinen Standpunkt klar und deutlich zu vertreten und den Partner mit seinen Fehlern zu konfrontieren? Und geht man nicht kaputt, wenn man den eigenen Ärger nicht rauslässt?

Eine erstaunliche Alternative: Demut

Konfliktfähigkeit ist eine ganz wichtige Fähigkeit zwischen Eheleuten. Manchmal ist das in der Tat so, dass man die Dinge nicht auf sich beruhen lassen kann. Unter Umständen kann einer der Partner sogar so egoistisch und unfähig zur Korrektur sein, dass eine Fortsetzung der Ehe nicht möglich ist. Das will ich vorweg sagen, damit das Folgende nicht falsch verstanden wird. Niemand muss sich vom anderen zerstören lassen. Aber man muss auch sehen, dass Konfliktfähigkeit etwas anderes ist als Streitlust oder gar Streitsucht. Der Streit ist kein Wert in sich, sondern ein Mittel, um zueinander zu finden oder beieinander zu bleiben. Er ist manchmal notwendig, aber glücklich macht das Streiten uns nicht. Deshalb sollten wir uns eine Alternative anschauen, die uns in der Bibel gezeigt wird. Denn in einer grundsätzlich gesunden und lebensfähigen Beziehung mit ihren normalen Schwierigkeiten gibt es für Christen tatsächlich noch einen anderen Weg. Die Demut.

Ich weiß, Demut ist ein Wort, das für viele mit negativen Empfindungen belegt ist. Es klingt nach Feigheit, Unterwürfigkeit und fehlendem Selbstbewusstsein. Aber ich bin überzeugt, Demut ist kein abgehobenes Thema für Bibelstunden und Sonntagspredigten. Vielmehr geht es um Lebenshilfe und Weisheit Gottes, auch für Eheleute. In dem bereits zitierten Philipperbrief beschreibt Paulus für mich gut nachvollziehbar, um was es geht und warum Demut heilsam für unser Miteinander ist:

„Seid bescheiden und achtet den Bruder oder die Schwester mehr als euch selbst. Denkt nicht an euren eigenen Vorteil, sondern an den der anderen! Habt im Umgang miteinander stets vor Augen, was für einen Maßstab Jesus Christus gesetzt hat." (Philipper 2,3-5)

Den ersten Schritt tun

Für mich gehört zur Demut vor allem zweierlei: Die Bereitschaft, den ersten Schritt zu tun und der Verzicht darauf, Recht zu behalten. Ich will das an einem typischen Konflikt mit meiner Frau deutlich machen. Wir hatten uns gestritten, und ich war im Unrecht. Weil ich aber besser diskutieren kann als sie, hatte ich so lange geredet und argumentiert, bis ich als Sieger nach Punkten aus der Auseinandersetzung hervorgegangen war. Ich hatte Recht behalten. Nun hätte ich einfach abwarten können, bis meine Frau sich wieder beruhigt hat und Gras über die Sache gewachsen ist.

Aber Gott sah das anders, und so ließ mir sein Geist keine Ruhe und zeigte mir die Wahrheit. Er öffnete mir die Augen dafür, wie gemein ich sein kann und wie tief ich damit meine Frau verletze. Nach einigem Ringen ging ich hin und bat sie um Entschuldigung. Mehr noch, ich entlarvte auch die Mechanismen, die zu meinem Scheinsieg geführt hatten. Das fiel mir nicht leicht, schließlich gab ich damit meine Waffen aus der Hand. Aber der Weg wurde frei zu einem tiefgreifenden Neuanfang; dank des Redens des Heiligen Geistes und meiner Reaktion darauf.

Meine Frau hat ein ausgeprägtes Gerechtigkeitsempfinden und kann sich sehr aufregen, wenn in ihren Augen Unrecht geschieht. Deshalb fällt es ihr nicht leicht, ein Anliegen, von dem sie überzeugt ist, offen zu lassen. „Reg dich doch nicht so auf!", sage ich manchmal, weil ich das Thema nicht so wichtig finde. Früher hat sie mir oft entgegnet: „Ich will mich aber aufregen!" Doch inzwischen lässt sie sich bei einem emotionalen Streit darauf ein, das Thema erst mal zu den Akten zu legen. Anstatt schweigend vor uns hin zu brüten, suchen wir andere, konstruktive Themen, und zusehends bessert sich auch die Stimmung wieder. Bei wirklich wichtigen Fragen vertagen wir das Thema, bis die Situation günstiger ist und wir etwas mehr Abstand haben und sachlicher an die Dinge herangehen können. Wenn das dann noch nötig ist. Denn vieles erledigt sich auch von selbst und erweist sich im Nachhinein als gar nicht mehr so wichtig.

Das ist für uns ein hilfreiches Verfahren, denn meine Frau und ich sind von Natur aus ziemlich kampflustig und diskutieren gerne alles zu Ende. Aber inzwischen haben wir gelernt, dass das nicht immer ein guter Weg ist, um das Ziel zu erreichen. Es gelingt uns immer häufiger, schwierige Auseinandersetzungen mit einer Art Waffenstillstand zu beenden. Wenn die Initiative von mir ausgeht, könnte das so aussehen, dass ich wie in einem Protokoll festhalte: „Ich werde jetzt dazu nichts mehr sagen und deine Meinung einfach stehen lassen. Das bedeutet nicht, dass ich sie für richtig halte. Aber wir sollten das jetzt nicht weiter vertiefen." Ich möchte damit gleichzeitig das Signal senden: Du als Person bist mir wichtiger als diese Sache. Zugegebenermaßen kann das manchmal auch provozierend und hochmütig wirken. Aber wenn miteinander verabredet ist, in solchen Fällen bei einer günstigeren Gelegenheit noch einmal auf das Thema zurückzukommen, führt es doch zum allmählichen Abklingen der Erregung.

Zielführend vorgehen

Kommen wir noch einmal auf die Demut zurück. Konkret bedeutet Demut in einer Konfliktsituation für mich, auf meine Stärken zu verzichten. Ich schalte bewusst von der Sachebene auf die Beziehungsebene um. Das fällt mir nicht leicht, denn auf der Sachebene bin ich stark. Von Natur aus bin ich ein Kämpfer, der unbedingt Recht behalten will. Auf der Beziehungsebene bin ich schwächer. Aber ich bin auch ein Liebhaber, der seine Frau nicht abhängen will. Wenn ich die Ebene wechsele, gebe ich meine Stärke bewusst aus der Hand. Aus Liebe zu meiner Frau.

Demut ist deshalb nicht nur eine positive christliche Tugend. Sie ist auch echte Lebenshilfe, die viele Vorteile bringt. Wir beide haben nämlich ein Ziel, das wir heute erreichen wollen. Wir möchten, dass dies ein schöner und fröhlicher Tag wird. Trotz uns und mit uns. Es soll ein Tag sein, an dem wir uns lieben und glückliche Stunden miteinander erleben. Weil uns dieses Ziel so wichtig ist, vermeiden wir bewusst alles, was das Erreichen dieses Zieles verhindern könnte. Denn wie gesagt,

> *Heute soll ein Tag sein,*
> *an dem wir uns lieben*
> *und glückliche Stunden*
> *miteinander erleben.*
> *Weil uns dieses Ziel so wichtig ist,*
> *vermeiden wir bewusst alles,*
> *was das Erreichen dieses Zieles*
> *verhindern könnte.*

Spaß macht das Streiten letztlich nicht! Spaß machen ganz andere Dinge. Zum Beispiel, verliebt durch Straßburg zu schlendern, gut gelaunt Flammkuchen und Rotwein zu genießen und sich auf einen schönen Abschluss des Tages miteinander im Bett zu freuen. All das setzen wir aufs Spiel, wenn wir uns streiten.

Denkt nicht an euren eigenen Vorteil,
sondern an den der anderen!
Habt im Umgang miteinander stets vor Augen,
was für einen Maßstab Jesus Christus gesetzt hat.

Philipper 2,3-5

Anstöße zum Weiterlieben

♡ Haben wir eine gute Streitkultur miteinander
entwickelt? Wie lange brauchen wir nach einem
Streit, bis wir uns emotional wieder nahe sind?

♡ Empfinde ich meinen Partner bisweilen als
streitlustig oder gar streitsüchtig?
Oder eher im Gegenteil:
als konfliktscheu und harmoniesüchtig?

♡ Was verstehe ich unter Demut? Bin ich dazu
in der Lage, demütig zu sein? Wie leicht oder
schwer fällt es mir, den ersten Schritt zu tun?

♡ Bin ich bereit und in der Lage, auf
die Durchsetzung meines Standpunkts
zu verzichten, auch wenn ich mich absolut
im Recht fühle? Welche meiner Waffen sollte
ich entlarven und stumpf machen, indem ich
sie meinem Partner gegenüber bekenne?

♡ Können wir Fragen offen lassen und vertagen,
oder macht doch einer von uns
gleich wieder weiter?

IV Ans Ziel kommen – „Bis der Tod uns scheidet"

23 Der Mensch, mit dem ich alt werden will

Warum soll die Ehe eigentlich ein Leben lang halten? Warum hat Gott Mann und Frau für ein Leben lang zusammengestellt (Matthäus 19,6)? – Wenden wir noch einmal das Grundprinzip dieses Buches an, von Gott her zu denken. Wir haben gesehen, die Ehe bildet Gottes eigenes Wesen ab, sein eigenes Miteinander als Vater, Sohn und Geist. Gott aber ist ewig. Er ist unveränderlich, derselbe, gestern, heute und in Ewigkeit (Jakobus 1,17; Hebräer 13,8). Das Gleiche gilt für die Liebe, die Agape, die sein Wesen ausmacht und an der er uns Menschen Anteil gibt. Alles wird einmal vergehen, nur diese Liebe nicht (1. Korinther 13,8). Das heißt, auch in der Dauerhaftigkeit der Ehe, durch die verschiedenen Lebensphasen hinweg, erleben wir etwas von Gottes eigener Treue und Beständigkeit.

Vielleicht ist das auch der Grund dafür, dass sich die meisten Paare wünschen, miteinander alt zu werden. Aber dieses Ziel erreicht man nicht schon dadurch, dass man viele Geburtstage feiert. Es ist die Ernte und Rendite einer lebenslangen Arbeit an der Ehe, bei der verschiedene Phasen vom Paar gemeinsam durchlebt und gestaltet werden: Entdeckung und Faszination, Bindung und Treue, Reifung und Verantwortung, Wahrheit und Vertrautheit und schließlich die Barmherzigkeit und Geborgenheit der späten Jahre.

Die Ehe und die Liebe zwischen Mann und Frau durchlaufen verschiedene Stadien, und jede Phase bringt ihre eigene Herausforderung mit sich. Natürlich ist die folgende Darstellung etwas schematisch und vielleicht auch idealistisch. Ich gehe dabei von unserer eigenen Situation aus. Meine Frau und ich haben uns früh kennengelernt und sind inzwischen mehr als 40 Jahre verheiratet. Aber natürlich lernen sich viele Paare erst viel später kennen. Sie haben dann zwar entsprechende Lebensphasen durchlaufen. Es waren aber nicht unbedingt auch gemeinsame Ehephasen. Das reale Leben ist ungleich vielfältiger als es der folgende Überblick abbilden kann. Trotzdem kann er helfen zu verstehen, wie sich die Beziehung im Laufe der Jahre verändert. Manchmal sind es schleichende Prozesse. Oft aber sind sie mit konkreten Ereignissen wie der Geburt eines Kindes, einer neuen Arbeitsstelle, einem Umzug oder einem schweren Rückschlag verbunden.

Entdeckung und Faszination

In der Pubertät und Jugendzeit stehen für den Jungen und das Mädchen klar die Entdeckung des anderen Geschlechts und seine Faszination im Vordergrund. Aber auch Paare, die sich beim Kennenlernen längst nicht mehr in dieser Lebensphase befinden, werden in der Regel eine solche Zeit als besondere Ehephase erleben. Jedem Paar ist zu wünschen, dass es sich diesen Aspekt bis ins hohe Alter bewahrt und sich immer wieder neu aneinander freuen kann.

Bindung und Treue

In der zweiten Phase, der des jungen Paares, werden Bindung und Treue wichtig. Ist der andere jemand, mit dem ich meine Zukunft gemeinsam gestalten kann? Kann ich es wagen, um der gemeinsamen Zukunft willen meine eigenen Interessen zurückzustellen? Werden wir beide in der Lage sein, ein Nest zu bauen und Familie zu gründen? Dieser Gedanke ist als Testfrage auch dann relevant, wenn es einem Paar verwehrt bleibt, tatsächlich eigene Kinder zu bekommen. Natürlich bleibt sie dann theoretisch. Aber ob mit oder ohne Kinder lautet die Frage: Können wir uns aufeinander verlassen? Ist mein Partner in der Lage, Verantwortung zu übernehmen, oder geht es ihm bzw. ihr nur um das eigene Wohlergehen hier und jetzt?

Reifung und Verantwortung

In den mittleren Jahren bieten sich oft die entscheidenden beruflichen Möglichkeiten. Jetzt ist voller Einsatz gefordert, wenn man Karriere machen will. Hat das Paar Kinder, sind sie als Eltern auch hier permanent im Einsatz. Die Zeit rast nur so dahin, und man hat das Gefühl, gelebt zu werden, statt zu leben. Umso wichtiger ist es, dafür zu kämpfen, ein Paar zu bleiben und die Summe der Fliehkräfte, die auf das Miteinander einwirken, in Grenzen zu halten.

Wahrheit und Vertrautheit

Ist diese Phase durchlebt, kann man schon auf ein großes Stück gemeinsamen Lebens zurückschauen. Man kennt die Stärken und Schwächen des anderen und hat viele – positive wie negative – Erfahrungen miteinander gemacht. Vielleicht hat sich ein Stück weit Ernüchterung breit gemacht. Oder aber auch ein liebevolles Miteinander. Man weiß, was man beruflich kann, aber auch, welche Ziele sich vermutlich doch nicht mehr erreichen lassen. Hat das Paar Kinder, sind die inzwischen aus dem Haus, oder es lässt sich zumindest erahnen, dass dies demnächst der Fall sein wird. Wir werden als Paar allein

> *Auch in der Dauerhaftigkeit der Ehe durch die verschiedenen Lebensphasen hinweg erleben wir etwas von Gottes eigener Treue und Beständigkeit.*

bleiben und müssen neu klären, was wir denn vom Leben noch erwarten und wie wir die Zukunft gemeinsam gestalten wollen.

Barmherzigkeit und Geborgenheit

Schließlich sind die Eheleute alt geworden. Gebiss und Hörgerät liegen auf dem Nachttisch; die Jahre haben ihre Spuren hinterlassen. Wie gut, jetzt einen Menschen zu haben, vor dem ich ungeschminkt und schwach sein kann. Jemand, der mich nicht nur liebt, solange ich jung, attraktiv, stark und vital bin, sondern der mir mit Barmherzigkeit begegnet und Geborgenheit schenkt.

All diese Phasen gehören zum gemeinsamen Leben, wie es Gott für uns als Paar vorgesehen hat. Obwohl sie am Anfang noch so weit weg zu sein scheinen, sagt man doch bereits bei der Hochzeit, dass man all diese Etappen mit dem Partner gemeinsam gehen und bewältigen will. Das wird nur gelingen, wenn man sich auf dieses Ziel von Anfang an festlegt und alles dransetzt, um es zu erreichen. Wegen des Versprechens, das wir uns gegeben haben. Wegen des Gewinns, den es bedeutet, Krisen gemeinsam zu bewältigen. Und wegen der Zusagen Gottes, der uns bis zum Ende hin begleiten will.

Ich bleibe derselbe in alle Zukunft!
Bis ihr alt und grau werdet,
bin ich es, der euch schleppt.
Ich habe es bisher getan
und ich werde es auch künftig tun.

Jesaja 46,4

Anstöße zum Weiterlieben

♡ In welcher Phase befinden wir uns gerade?
Inwiefern fordert sie uns heraus?

♡ Welche Altlasten bringen wir eventuell
aus vergangenen Jahren bzw. Ehephasen mit?
Was müsste aufgearbeitet werden,
um unbeschwert weiterzugehen?

♡ An welche guten Erfahrungen können wir
bereits anknüpfen, und wie können wir sie
für unsere Zukunft nutzbar machen?

♡ Wo sehen wir Gottes Einflussnahme
auf unserem bisherigen Weg?
Und was können wir tun,
damit wir seine Spuren nicht vergessen?

24 Versorgt werden – von Gott und vom Partner

Ob ein Paar bis zum Ende seiner Ehe miteinander glücklich ist, hängt auch davon ab, was die beiden unter Glück überhaupt verstehen. Was brauchen wir Menschen, um uns glücklich zu fühlen? Wenn ich glücklich bin, finde ich zur inneren Ruhe. Ich hungere nicht und schaue nicht, wo ich satt werden kann. Ich bin nicht getrieben auf der Suche nach etwas, das ich in meiner Ehe nicht finden kann. Gemeinsam Dinge herauszufinden und zu benennen, die uns glücklich machen, kann eine Ehe lebendig halten.

Eine Frage, über die wir reden müssen

Es fällt nicht unbedingt leicht, herauszufinden, was das sein könnte, sondern erfordert durchaus Arbeit. Vor allem, wenn wir als Paar ziemlich unterschiedlich sind. Noch schwieriger ist es, wenn die Dinge, die den einen glücklich machen, vom anderen ganz anders bewertet und erlebt werden. Deswegen müssen wir sehr ehrlich darüber reden. Für jedes Ehepaar ist es wichtig, dass es eine gemeinsame Vorstellung davon hat, was für sie Glück ausmacht. Wie sollen wir jemals ein gemeinsames Ziel erreichen, wenn wir unterschwellig in verschiedene Richtungen unterwegs sind? Die Antwort auf die Frage, was wir brauchen, um uns glücklich zu fühlen, mag im Detail unterschiedlich ausfallen. Ich denke aber, dass drei Faktoren für die meisten Menschen wichtig sind: Versorgt werden – geliebt werden – gebraucht werden. Fangen wir mit dem ersten an: Versorgt werden.

Glücklich sein oder Glück haben?

Wir brauchen Gesundheit, Nahrung, Kleidung und ein Dach über dem Kopf. Das ist wohl keine Frage. Wer nicht einmal diese elementaren Dinge hat, den werden wir kaum als glücklich bezeichnen. Nahrung und Kleidung kosten aber Geld, und um Geld zu verdienen brauchen wir Arbeit, einen möglichst gut bezahlten Job. Und vielleicht brauchen wir auch ein Auto, um zur Arbeit zu kommen. Unser Zuhause muss behaglich sein, und unser Essen soll gut schmecken, hochwertig und gesund sein, damit wir uns wohl fühlen und leistungsfähig sind. Alles richtig. Aber unter der Hand wachsen unsere Ansprüche Stück für Stück. Die Logik lautet bald: Je mehr du hast, desto besser bist du versorgt, desto besser geht es dir und desto glücklicher bist du. Aber stimmt das?

Wohl jeder kennt Beispiele oder hat die Erfahrung sogar selbst gemacht, dass man alles erreichen und besitzen kann, und trotzdem unglücklich bleibt. Ja, manchmal ist scheinbares wirtschaftliches oder berufliches Glück, das uns zufällt, sogar der erste Schritt ins Unglück hinein. Was ist denn, wenn die Pläne sich doch nicht verwirklichen lassen – warum auch immer. Was ist, wenn man einfach kein Glück hat?

Bisher haben wir nur eine Seite des Glücks betrachtet: das „Glücklich-Sein". Die andere Seite gehört aber mit dazu: das „Glück-Haben". Sie zeigt nämlich, dass das Glück auch etwas Schicksalhaftes und Unverfügbares ist, das von außen kommt. Wenn du die Stelle bekommen willst, musst du angesichts der vielen Bewerber schon Glück haben. Dein gewinnendes Auftreten, deine hervorragende Qualifikation alleine reichen nicht. Es spielen Zufallsfaktoren mit, auf die du keinen Einfluss hast. Das Leben scheint immer ein Stück weit auch ein gefährliches Glücksspiel zu sein. Spätestens hier merken wir, dass wir uns nie ganz absichern können. Aber es gibt einen anderen Weg.

Jesus und das Thema Glück

In der Bergpredigt redet Jesus viel vom Glücklich-Sein. Für ihn bedeutet Glück nicht, dass uns alles nach unseren Vorstellungen und Wünschen gelingt, sondern dass wir in dem Wissen leben, Gott sorgt für uns. Er sagt: „Macht euch keine Sorgen um euer Leben, ob ihr etwas zu essen oder zu trinken habt, und um euren Leib, ob ihr etwas anzuziehen habt! Das Leben ist mehr als Essen und Trinken, und der Leib ist mehr als die Kleidung! … Euer Vater im Himmel weiß, dass ihr all das braucht." (Matthäus 6, 25+32) Das schließt nicht aus, dass man ordentlich arbeitet, sein eigenes Geld verdient und für die Zukunft vorsorgt. Aber es schützt uns vor der Vorstellung, wir allein seien für unser Glück verantwortlich und könnten es schaffen, wenn wir uns nur genug anstrengen.

> *Für Jesus bedeutet Glück nicht, dass uns alles nach unseren Vorstellungen und Wünschen gelingt, sondern dass wir in dem Wissen leben, Gott sorgt für uns.*

Im Laufe der Ehe wird jedes Paar damit umgehen müssen, dass sich nicht alle Lebensträume verwirklichen lassen. Kinderlosigkeit, Arbeitslosigkeit, Krankheiten und andere Schicksalsschläge gehören dazu. Daran kann eine Ehe zerbrechen, wenn die Partner ihr Glück am Erreichen solcher Ziele festgemacht haben. Es kann eine Ehe aber auch stärken und vertiefen. Dann nämlich, wenn die beiden Partner solche Rückschläge bewusst gemeinsam aus Gottes Hand nehmen und mit seiner Hilfe bewältigen. Meine Frau und ich haben das intensiv erlebt, als wir den Tod eines unserer Kinder verkraften mussten. Weil wir unter Glück nie ein leichtes Leben und die Abwesenheit von Leid verstanden haben, konnten wir letztlich damit umgehen. Auch wenn die Annahme des Verlustes natürlich erst am Ende eines längeren Prozesses gestanden hat. Andere Christen haben das vielleicht anders erlebt, und auch für uns ist diese Sicht kein dauerhafter, unangefochtener Besitz. Aber an der Grundlage wollen wir festhalten: Glück hat für uns immer bedeutet, Gott zu kennen und mit ihm unterwegs zu sein. Komme, was kommen will.

Das Leben ist mehr als Essen und Trinken,
und der Leib ist mehr als die Kleidung!
Euer Vater im Himmel weiß,
dass ihr all das braucht.

Matthäus 6,25+32

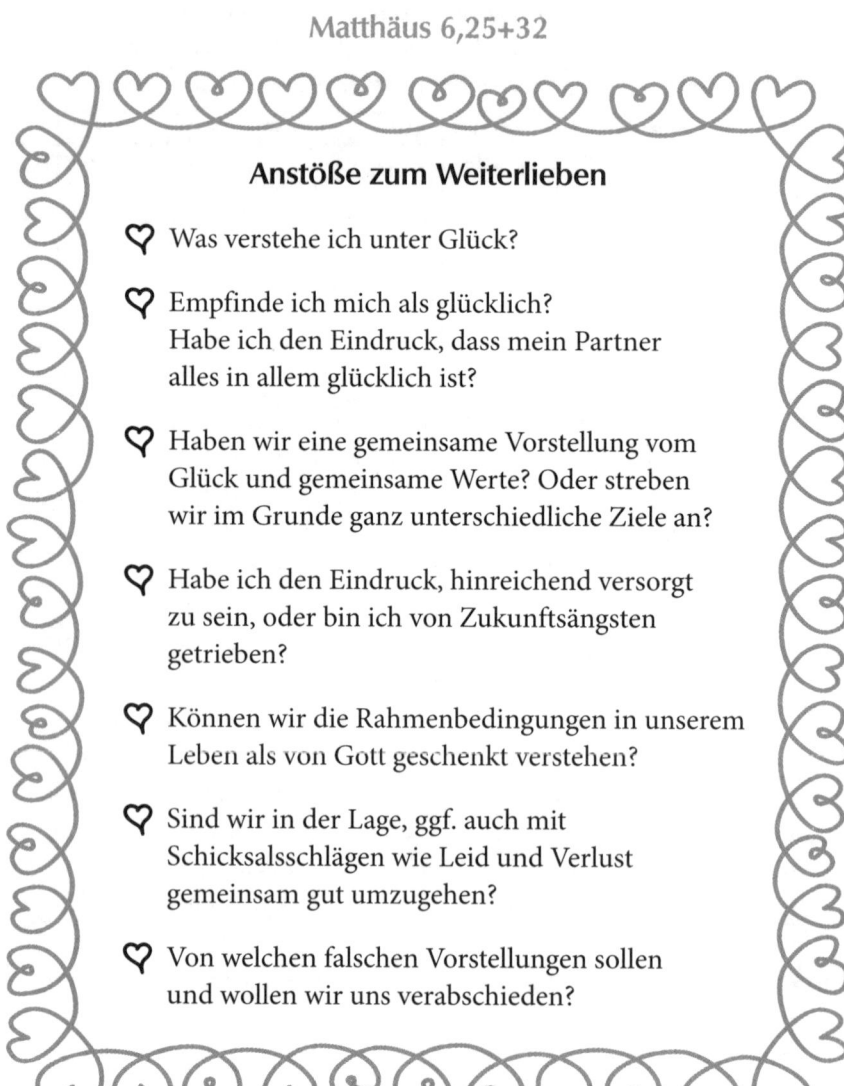

Anstöße zum Weiterlieben

♡ Was verstehe ich unter Glück?

♡ Empfinde ich mich als glücklich?
Habe ich den Eindruck, dass mein Partner
alles in allem glücklich ist?

♡ Haben wir eine gemeinsame Vorstellung vom
Glück und gemeinsame Werte? Oder streben
wir im Grunde ganz unterschiedliche Ziele an?

♡ Habe ich den Eindruck, hinreichend versorgt
zu sein, oder bin ich von Zukunftsängsten
getrieben?

♡ Können wir die Rahmenbedingungen in unserem
Leben als von Gott geschenkt verstehen?

♡ Sind wir in der Lage, ggf. auch mit
Schicksalsschlägen wie Leid und Verlust
gemeinsam gut umzugehen?

♡ Von welchen falschen Vorstellungen sollen
und wollen wir uns verabschieden?

25 Geliebt werden – auch wenn die Attraktivität nachlässt

Die Liebe ist das zentrale Thema dieses Buches. Deshalb ist zum Geliebt-Werden natürlich schon Einiges gesagt worden. In diesen letzten Kapiteln geht es aber um die Langzeitperspektive, um das Ganze unseres Lebens. Was muss geschehen sein, dass ich im Rückblick sagen kann: Ich habe gelebt, und es war schön. Ich bin ein glücklicher Mensch. Ich bin mein Leben lang von meinem Ehepartner geliebt worden.

Wir haben bereits darüber gesprochen, dass die gegenseitige Faszination der Partner im Laufe der Zeit fast zwangsläufig zu ermüden scheint. Das ist nicht nur eine Frage der Gewöhnung und damit der geringeren Wertschätzung. Wir verlieren mit unserer jugendlichen Frische sicher auch objektiv an Vitalität, Attraktivität, und Unbeschwertheit. Wir selbst leiden am meisten darunter. Wir haben ja ohnehin ein Leben lang große Mühe damit, mit uns selbst einverstanden zu sein. Etwas sportlicher, etwas schlanker, etwas größer oder kleiner, etwas hübscher, intelligenter, etwas erfolgreicher ... Dann stünde ich ganz anders da. Dann würden die anderen mir mehr Interesse und Aufmerksamkeit, mehr Bewunderung und Respekt, mehr Wertschätzung und Liebe entgegenbringen. Vor allem würde ich selbst mich dann als attraktiver und liebenswerter empfinden und glücklicher sein. Aber das ist nicht die Lösung! Die Lösung ist auch hier die Agape, die Liebe, die von Gott kommt.

Ein Trainingserfolg der Agape

Gerade wenn das Älterwerden uns verunsichert und vielleicht sogar Angst macht, ist es etwas ungemein Wertvolles, zu wissen: Ich werde geliebt. Von Gott ohnehin. Aber auch von meinem Partner. Ich brauche ihm nichts vorzumachen und muss nicht immer gut drauf sein. Ich kann ihm auch von meinen

Wehwehchen, meiner nachlassenden Kraft, meiner Verunsicherung, Ängsten und Sorgen und von meinen Niederlagen erzählen. Ich kann Schwäche zeigen, ohne dass der andere das ausnutzt und gegen mich verwendet. Und umgekehrt sehe ich ihn auch so.

Das fällt einem allerdings keineswegs einfach in den Schoß, sondern ist die Ernte eines langen Lebens in gegenseitiger Treue, Achtung und Liebe. Ich kenne den anderen. Ich muss keine Angst haben, dass er mir in den Rücken fällt und mich verlässt, wenn ich Schwäche zeige. Die Agape hat uns längst darin trainiert, unsere Liebe nicht zu sehr an Äußerlichkeiten festzumachen. Der Charakter, das Wesen, die Persönlichkeit des anderen, das, was Gott aus ihm gemacht hat und immer noch macht, das ist es, was uns am anderen festhalten und ihn lieben lässt. Und außerdem verbinden uns einfach viele schöne und schwierige, insgesamt aber doch gute Erfahrungen.

„Es ist ja niemand da!"

Das darf uns allerdings nicht nachlässig und gleichgültig gegenüber dem anderen machen. Ich hatte einmal mit einem Ehemann zu tun, der den ganzen Tag im Jogginganzug durchs Haus schlurfte und sich keine Mühe gab, für seine Frau attraktiv zu sein. Darauf angesprochen sagte er: „Warum soll ich mir denn etwas anderes anziehen? Es ist doch niemand da!" Ein verräterischer Satz – und ein fataler dazu: „Es ist niemand da." – Doch, seine Frau war da! Aber allein durch seine Kleidung behandelte er sie als „niemand". War sie es nicht wert, sich für sie schick anzuziehen? Liebe sieht anders aus!

Es bleibt dabei: Wir wollen ein Leben lang um den anderen werben, um seinetwillen gut aussehen und gut riechen. Aber nicht aus Angst, er könne uns sonst weglaufen, sondern aus Wertschätzung, Interesse und Liebe.

Doch der Herr sagte zu Samuel:
„Lass dich nicht davon beeindrucken,
dass er groß und stattlich ist.
Er ist nicht der Erwählte.
Ich urteile anders als die Menschen.
Ein Mensch sieht, was in die Augen fällt;
ich aber sehe ins Herz."

1. Samuel 16,7

Anstöße zum Weiterlieben

♡ Wo mache ich es meinem Partner schwer,
mich zu lieben?

♡ In welchen Bereichen bin ich im Laufe der Zeit
nachlässig und gleichgültig geworden?
Was habe ich früher besser hingekriegt
im Umgang mit meinem Partner?

♡ Welche Entwicklungen und Eigenarten meines
Partners stoßen mich ab? Kann er das ändern,
und kann ich mit ihm darüber reden?

♡ Wo sind wir inzwischen in einen gedankenlosen
Trott beim Umgang miteinander geraten?

♡ Wie kann ich meinem Partner meine Liebe und
Wertschätzung zeigen? Worüber freut er sich?

26 Gebraucht werden – auch wenn das einen Preis hat

Auch das Wissen, gebraucht zu werden, gehört zu den Grundzutaten des Glücks. Wir wollen nicht nur versorgt sein und von Menschen geliebt werden. Wir wollen auch etwas geben, verschenken, einbringen. Wir sehnen uns danach, für andere wichtig zu sein. Unser Leben soll Gewicht und Bedeutung haben, es soll Spuren hinterlassen. Es macht nicht wirklich glücklich, nur für sich und seine vermeintlichen Interessen zu leben. Das gilt auch für Paare. Mancher kann es sich wohl gar nicht vorstellen. Aber man kann sich tatsächlich daran freuen, wenn man andere fördert und glücklich macht. Man macht dabei eine wunderbare Erfahrung: Ich bin reich. Ich habe etwas zu geben. Geben macht glücklich. Hier erschließt sich das Geheimnis des oft belächelten Wortes Jesu, das Paulus zitiert: „Geben ist seliger als Nehmen." (Apostelgeschichte 20,35)

Kinder brauchen uns als Eltern

Eine grundlegende Form, sich gebrauchen zu lassen, besteht für ein Ehepaar in der Bereitschaft zum Kind. Kinder fallen nicht aus Nussschalen und werden nicht vom Klapperstorch gebracht, obwohl Gott das durchaus so hätte einrichten können. Aber er will uns mit einbinden und an seinem Wirken in dieser Welt aktiv beteiligen. Als Eltern sollen wir – wenn uns das möglich ist – Verantwortung für die nächste Generation und damit für die Zukunft übernehmen. Wenn wir Kinder in die Welt setzen, sagen wir ja zum großen Plan des Schöpfers, diese Welt durch Zeugung und Geburt, durch Eltern und Kinder in Gang zu halten. Ich selbst verdanke mich Eltern, denen ich viel abverlangt habe und die meinetwegen auf vieles verzichten mussten. Und diese Welt wird weiterleben, wenn ich bereit bin, auch meinerseits wieder Vater oder Mutter zu werden. Natürlich gibt es dabei vieles zu bedenken, und für Christen besteht auch keine Verpflichtung, möglichst viele Kinder zu bekommen. Wichtig ist jedoch das grundsätzliche Ja zu Kindern und zu Gottes Auftrag und Verheißung: „Seid fruchtbar und vermehrt euch." (1. Mose 1,28)

Es geht bei Kindern nicht primär um die Frage, ob sie mein Leben bereichern oder belasten. Kinder sind keine Haustiere, die ich mir zur Freude oder als Hobby zulege. Kinder kosten Kraft, Geld und Freiheit, und sie sind ohne Frage anstrengend und belastend. Sie geben uns aber auch etwas Wichtiges zurück. Damit ist nicht nur ihr Lächeln gemeint. Sie geben uns das Wissen und das Gefühl, dass wir gebraucht werden. Es ist wichtig, dass wir leben und dass es uns gibt. Unsere Kinder brauchen uns, und das ist schön.

Wenn es – warum auch immer – einem Paar nicht möglich ist, Kinder zu bekommen, werden die beiden es lernen müssen, auch damit umzugehen. Das wird nicht von heute auf morgen geschehen. Es erfordert sicher einiges an Trauerarbeit, bis man den Verlust akzeptieren kann. Danach aber kann man auch Freiräume entdecken und nutzen, um sich an anderer Stelle zu investieren und gebrauchen zu lassen. Es gibt viele Möglichkeiten, die gerade das Miteinander einer Ehe eröffnet: Ein offenes Haus, ein offenes Ohr; Coaching und Begleitung von Menschen; Engagement im Ehrenamt und in der Gemeinde; finanzielle Ressourcen, weil wir mehr abgeben können als andere; und vieles mehr.

Wir brauchen einander als Paar

Aber auch der Ehepartner braucht uns und wir brauchen unseren Ehepartner. Das klingt vielleicht etwas altmodisch oder auch selbstverständlich. Wir sind so geprägt worden und es gehört zum Denken unserer Zeit, dass es keine Abhängigkeiten geben darf. Jeder gestaltet seine Welt selbst. Man braucht die anderen möglichst nicht, und man möchte zu nichts verpflichtet sein.

Sicher ist es gut, dass die Zeit vorbei ist, wo Frauen von ihrem Mann sozial abhängig waren, weil nur er berufstätig war und Geld verdiente. Aber auf einer anderen Ebene ist die gegenseitige Abhängigkeit geblieben. Erinnern wir uns noch einmal an die ersten Seiten dieses Buches. Nur gemeinsam können Mann und Frau es Gott nachmachen, miteinander zu kommunizieren und einander zu lieben. Der Mann braucht die Frau, und die Frau braucht den Mann, um zur eigenen Bestimmung zu finden. Und das ein Leben lang.

Wir sollten nicht zu stolz sein, das zuzugeben und uns immer wieder zu sagen: Ich brauche dich – ich kann ohne dich nicht sein – vor allem nicht glücklich sein. Du bedeutest mir so viel. Du verhilfst mir zum Leben. Zum Mann-Sein, Zum Frau-Sein. Und ich freue mich, dass ich für dich Bedeutung habe. Das tut mir gut und macht mich glücklich. Ich möchte zu deinen Gunsten leben, möchte dir helfen, glücklich zu sein. Wenn ich das tun kann, macht es mich glücklich. Es macht mich glücklich, von dir gebraucht zu werden.

Einer trage des anderen Last.
So erfüllt ihr das Gesetz,
das Christus uns gibt.

Galater 6,2

Anstöße zum Weiterlieben

♡ In welchen Bereichen ist der andere wichtig
  für mich? Wo brauche ich ihn?
  Wo bin ich ohne ihn verloren?

♡ Wie selbstverständlich ist es für mich,
  meinem Partner zu sagen, dass ich ihn brauche
  und wie wichtig er für mich ist?
  Wo liegt ggf. das Problem?

♡ Wer sind die Menschen,
  die uns beide brauchen?

♡ Empfinden wir es als etwas Schönes,
  von anderen gebraucht zu werden,
  oder eher als Last und Einschränkung?

♡ Wie denken wir über Kinder?
  Haben wir Angst, durch sie etwas zu verlieren?
  Oder bereichern sie unser Leben?

27 Jeden Tag neu: Ja – mit Gottes Hilfe!

Wir nähern uns dem Schluss dieses kleinen Buches. Im nächsten Kapitel seid ihr eingeladen, für euch selbst Bilanz zu ziehen und eure Ehe miteinander zu feiern. Die dann noch folgenden Kapitel 29 bis 32 bilden einen Anhang mit Antworten zu speziellen Fragen. Deshalb schauen wir an dieser Stelle noch einmal auf die großen Linien zurück. Es ging um die Frage: Werden wir uns ein Leben lang lieben, uns die Treue halten und glücklich miteinander sein?

Was für eine maßlose Selbstüberschätzung, so etwas zu versprechen! Wir können das als Wunsch und Absicht formulieren. Aber Sünder wie wir können das nicht leisten und garantieren. Doch einer kann es: Gott. Er, der uns durch und durch kennt, weiß, wie schwierig die Liebesbeziehung mit einem Sünder aussieht. Dennoch fordert er uns auf, uns auf die Ehe einzulassen und uns – im Vertrauen auf seine Hilfe und Begleitung – Treue für ein ganzes Leben zu versprechen. Dahinter steckt eine geniale Konzeption, die ganz eng mit Gottes eigenem Wesen zu tun hat:

1. Gott schafft sich Menschen, weil er sie als ein Gegenüber haben möchte, mit denen er in Beziehung lebt. Er nimmt sich selbst als Vorlage und formt den Menschen nach seinem eigenen Bild. Dabei überträgt er auf den Menschen ein geheimnisvolles Merkmal seines eigenen Wesens. So wie Gott selbst dreieinig ist und in sich die Aspekte des Vaters, des Sohnes und des Heiligen Geistes vereinigt, so soll auch der Mensch in sich mehrere Aspekte vereinen. Deshalb schafft Gott uns als Mann und Frau, und gemeinsam bilden wir den Menschen, das Ebenbild Gottes.

2. Der Vater, der Sohn und der Heilige Geist kommunizieren untereinander. So leben sie die Unterschiedlichkeit ihrer drei

Personen ohne jede Konkurrenz und bilden gemeinsam das große Ganze: Gott. Auch Mann und Frau sind dazu bestimmt, ihr jeweiliges Wesen nicht etwa aufzugeben, und doch ohne Konkurrenz in ein gemeinsames Ganzes zu investieren: die Ehe. Dabei ist die Kommunikation auf allen Ebenen – Leib, Seele und Geist – elementar und nicht etwa nur eine wünschenswerte Bereicherung der Ehe.

3. Durch den Sündenfall ist das Urbild der Ehe erheblich in Mitleidenschaft gezogen und von Seiten des Menschen nicht mehr ohne weiteres umsetzbar. Das ist vor allem so, weil der Mensch von Gott getrennt und die Steuerung durch Gott schwer gestört ist. Aber durch das Kommen Jesu ist es möglich geworden, wieder unter seine permanente Einflussnahme zu kommen und sich von ihm leiten zu lassen. Auch wenn wir damit nicht einfach wieder ins Paradies zurückkehren können.

4. Ganz praktisch nimmt Gott Einfluss durch das Wirken des Heiligen Geistes, der in der Lage ist, sich in Menschen auszubreiten und bei ihnen zu wohnen. Seine Impulse ermöglichen uns eine neue Sicht auf die Welt und das Leben, auf uns selbst, unsere Mitmenschen und natürlich auf unseren Ehepartner. Mit den Gaben, die Gottes Geist uns gibt und aus seiner Kraft sind Verhaltensformen möglich, die uns von Natur aus nicht zur Verfügung stehen.

5. Das Beste, das uns Gott durch den Heiligen Geist gibt, ist die Agape, die Liebe, die aus dem Himmel stammt. Sie geht über die seelische und körperliche Liebe weit hinaus und hilft uns, den Ehepartner immer wieder neu mit Gottes Augen zu sehen. Die Agape feuert die seelische Liebe (Philia) und die körperliche Liebe (Eros) immer wieder an und ermöglicht so, sich ein Leben lang neu zu entdecken und zu lieben.

6. Im alltäglichen Miteinander stehen wir als Paar vor der Aufgabe, das umzusetzen. Wir wollen in allen Dingen eins werden, ohne unsere Unterschiedlichkeit aufzugeben. Gerade diese Spannung macht die Ehe so reizvoll und die Ehepartner glücklich. Zeit, Geld, Sexualität – nichts ist ausgenommen und dem Partner vorenthalten.

Kann man es also wagen, zu einem Menschen Ja zu sagen und sich ein Leben lang an ihn zu binden? Aber sicher doch! Weil Gott selbst ein Interesse hat, dass sein Modell gelebt wird und wir durch unsere Ehe deutlich machen, wie er in seinem Wesen ist: Liebe – Agape. Wer sich darauf einlässt, ihn immer wieder beim Wort nimmt und

> *Gott selbst hat ein Interesse daran, dass sein Modell gelebt wird und wir durch unsere Ehe deutlich machen, wie er in seinem Wesen ist: Liebe – Agape.*
> *Deswegen können wir es wagen, zu einem Menschen Ja zu sagen und uns ein Leben lang an ihn zu binden.*

seine Impulse umsetzt, der hat die besten Voraussetzungen, ein Leben lang zu zweit glücklich zu sein. Und der wird jeden Tag neu zu seinem Partner sagen: Ja – mit Gottes Hilfe! Mit Gottes Hilfe gestalten wir diesen Tag, leben wir miteinander und lieben wir einander. Und erst der Tod wird den Schlussstrich darunter setzen.

**Nehmt einander an,
wie Christus euch angenommen hat
zu Gottes Lob.**

Römer 15,7

28 Jetzt habt ihr einen Grund zum Feiern!

Zunächst einmal herzlichen Glückwunsch, dass ihr es geschafft habt, gemeinsam dieses Buch zu lesen. Ich hoffe, ihr habt die Zeit als gut investiert erlebt und manches neu oder auch erstmals entdeckt. Ich möchte euch einen Vorschlag machen, wie ihr dieses Projekt abschließen könnt. Feiert ein Fest miteinander: Ein Ehe-Erneuerungsfest. Ein Fest der Liebe. Ein Fest des Dankes Gott gegenüber. Vielleicht auch ein Fest der Vergebung und Versöhnung.

Wenn euch dieses Buch ermutigt hat, zu eurem Partner erneut zu sagen: „Ja – mit Gottes Hilfe", dann sprecht es bewusst aus und feiert eure gemeinsame Zukunft. Deckt den Tisch festlich. Zündet die Kerzen an. Esst etwas Gutes miteinander und gönnt euch einen guten Tropfen. Und dann macht ihr aus den letzten Seiten dieses Buches ein Dokument, das ihr beide mit Datum und Namen unterschreibt. Macht es euch selbst bewusst und erklärt einander erneut, was der andere euch bedeutet und was ihr ihm als eurem Ehepartner versprechen wollt.

Bei den Trauungen in meiner Gemeinde gibt es zwei Varianten, wie die Brautleute sich das Eheversprechen geben. Die einfache Form sieht so aus, dass man auf Fragen, die ich als Pastor vorlege, mit Ja antwortet. Viel bewegender ist es aber, wenn die Eheleute sich gegenseitig ein selbst formuliertes Eheversprechen geben. Manche lesen es ab. Die ganz Mutigen sprechen es sogar frei – nachdem sie es vorher auswendig gelernt haben. Auf jeden Fall haben sich die Brautleute im Vorfeld intensiv Gedanken gemacht, wie sie dem Partner ihre Liebe ausdrücken und ihre Treue versprechen wollen.

Mein Vorschlag ist, dass ihr so etwas jetzt auch tut. Ihr könnt das Ganze sogar jedes Jahr wiederholen, zum Beispiel am Hochzeitstag, indem ihr einfach erneut Datum und Unterschrift daruntersetzt. Oder aber auch, indem ihr etwas Neues formuliert.

Damit ihr nicht ganz ratlos davorsteht, findet ihr auf den letzten Seiten des Buches zwei identische fast leere Seiten, die nur drei einfache Einleitungssätze enthalten. Am besten konzipiert ihr euren Text zunächst auf einem Blatt Papier, bevor ihr ihn ins Buch eintragt und unterschreibt.

Ich verabschiede mich an dieser Stelle schon einmal. Ich wünsche euch einen schönen und bewegenden Abend miteinander. Und dann jeden Tag neu Gottes Segen für eure Ehe.

ANHANG

Tiefer einsteigen – Antworten auf spezielle Fragen

In den Kapiteln des Hauptteils habe ich gelegentlich Themen angeschnitten, die nur bedingt zum Kernanliegen des Buches gehören. Für manche Leser sind sie aber dennoch von großem Interesse. Deshalb sollen sie die bisherigen Ausführungen im Folgenden als Anhang ergänzen und vertiefen.

29 Dreieinigkeit? – Versteh ich nicht!

Die Dreieinigkeit Gottes gehört zu den komplexesten Themen der christlichen Theologie. Es wäre vermessen, sie mal eben in einem Kapitel erklären zu wollen. Sie interessiert innerhalb dieses Buches auch nicht grundsätzlich, sondern nur wegen ihrer Bedeutung für das Bild des Menschen und das Gelingen von Ehe.

Der Geist und der Sohn sind bei der Schöpfung beteiligt

Der Heilige Geist ist keineswegs erst ein Thema des Neuen Testaments. Bereits in den allerersten Worten der Bibel kommt der Geist Gottes vor: „Am Anfang schuf Gott Himmel und Erde. Die Erde war noch leer und öde, Dunkel bedeckte sie und wogendes Wasser, und über den Fluten schwebte Gottes Geist." (1. Mose 1,1-2) Auch die Existenz von Jesus beginnt keineswegs erst mit seiner Geburt. Im Johannesevangelium gibt es eine Weihnachtsgeschichte, die nichts von den Engeln, Hirten und Weisen erzählt. Sie ist sehr nüchtern, aber im Grunde viel spannender als die bei Lukas und Matthäus. Johannes geht bis an den ersten Schöpfungstag zurück und schreibt: „Am Anfang war das Wort ... und das Wort war bei Gott, und das Wort war Gott. Alle Dinge sind durch das Wort geschaffen ... Und das Wort wurde Mensch und

wohnte unter uns, und wir sahen seine Herrlichkeit, die Herrlichkeit des einzigen Sohnes, die vom Vater kommt, voller Gnade
und Wahrheit." (Johannes 1,1.3.14) Dieser atemberaubende Text
sagt nichts Geringeres, als dass Jesus schon vor der Entstehung
der Welt nicht nur bei Gott war, sondern selbst Gott war. Jesus ist
also weit, weit mehr als ein besonderer Mensch. Er ist der Logos,
der Ur-Impuls, durch den alles geschaffen wurde. Er ist Gottes
Kraft und gleichzeitig Gott selbst. Und dieser Impuls Gottes hat
sich – man fasst es nicht! – materialisiert, verkörpert, „inkar-
niert", wie die Theologen sagen. Er ist in die Welt gekommen,
ein Mensch geworden: Jesus Christus.

Übrigens gibt es diese wohl tiefste aller Aussagen über Jesus
auch bei Paulus (Kolosser 1,15-17) und im Hebräerbrief (1,2 f.),
also bei biblischen Autoren, die einer ganz anderen Tradition an-
gehören als Johannes. Für unser Thema ist der Zusammenhang
von entscheidender Bedeutung, weil er uns den geheimnisvollen
Plural bei der Erschaffung des Menschen verstehen lässt: „Lasst
uns Menschen machen!" (1. Mose 1,26)

Was sagt die Bibel über die Dreieinigkeit?

Wie soll man sich denn nun das Miteinander von Vater, Sohn
und Geist vorstellen? Es gibt nicht den einzelnen Textabschnitt,
in der die Dreieinigkeit Gottes systematisch dargelegt wird. Aber
es gibt viele Einzelaussagen, in denen der Vater, der Sohn und
der Geist gemeinsam vorkommen. Zum Beispiel im „Missions-
befehl": „Darum geht nun zu allen Völkern der Welt und macht
die Menschen zu meinen Jüngern und Jüngerinnen! Tauft sie
im Namen des Vaters und des Sohnes und des Heiligen Geistes,
und lehrt sie, alles zu befolgen, was ich euch aufgetragen habe."
(Matthäus 28,19-20) Darüber hinaus gibt es Texte, in denen
die drei in Beziehung zueinander gebracht werden. Ich will die
wichtigsten Linien einmal kurz und sehr vereinfacht skizzieren.

Zunächst einmal müssen wir zur Kenntnis nehmen, dass Gott (auch) Geist ist. „Gott ist Geist, und die ihn anbeten, die müssen ihn im Geist und in der Wahrheit anbeten", sagt Jesus (Johannes 4,24). Dass wir uns mit dem Heiligen Geist so schwer tun, liegt in seinem eigenen Wesen begründet. Er ist – anders als der Mensch Jesus Christus – nicht vom Stoff dieser Welt. Und doch wirkt er in dieser Welt. Er markiert die Berührung von Himmel und Erde, das Eingreifen Gottes aus dem Jenseits in unsere irdische Wirklichkeit. Paulus nennt ihn eine „Anzahlung der neuen Schöpfung" (Römer 8,23). Wir wissen nicht, wie die neue Welt sein wird, denn sie wird völlig anders sein als alles, was wir kennen. Und doch, ein kleines Stück, eine erste Rate haben wir bereits bekommen: den Heiligen Geist. Der Heilige Geist ist das Diesseitigste, was wir vom Jenseits erfassen können – fremdartig und doch erfahrbar, wie ein Meteorit aus der Welt Gottes.

Vater und Sohn

Als nächstes wenden wir uns der Frage zu, in welcher Beziehung der Heilige Geist zum Vater und zum Sohn Jesus Christus steht. Den meines Erachtens aufschlussreichsten Text finden wir in Johannes 14. Im ersten Teil des Kapitels verdeutlicht Jesus, dass er und der Vater eins sind, und das meint mehr, als nur einer Meinung zu sein. „Wer mich sieht, der sieht den Vater", sagt Jesus (Vers 9) und fragt anschließend den sprachlosen Philippus: „Glaubst du nicht, dass ich im Vater bin und der Vater in mir ist?" (Vers 10) Die Verbundenheit Jesu mit seinem Vater ist mit nichts zu vergleichen. Alles, was wir von menschlichen Beziehungen wissen – einschließlich der Begriffe Vater und Sohn – reicht nicht aus, die innere Beziehung Jesu und des Vaters auch nur annähernd zu erfassen. Aber sie ist Realität. Jesus und der Vater sind eins.

Jesus und der Heilige Geist

Im weiteren Verlauf kündigt Jesus an, dass er die Erde verlassen wird und sagt doch im gleichen Atemzug: „Ich will euch nicht verwaist zurücklassen; ich komme zu euch." (Vers 18) Wie soll das geschehen – die Jünger verlassen und doch bei ihnen bleiben? Jesus sagt, der Vater werde den Jüngern an seiner Stelle einen anderen Beistand geben. Dieser unterscheidet sich in zwei Punkten von Jesus: Er soll für immer bei ihnen bleiben, und er wird in ihnen sein (Vers 16 f.). Die Rede ist vom Heiligen Geist. Er ist der versprochene andere Beistand. Und doch bedeutet sein Kommen zugleich: „Ich (Jesus) komme zu euch" (Vers 18) – in Gestalt des Heiligen Geistes. Wenn der Heilige Geist kommt, kommt niemand anders als Jesus zu ihnen. Auch hier gilt: Jesus und der Heilige Geist sind letztlich eins, auch wenn sie unterschiedlich wirken.

An dieser Stelle können wir die bisherigen Aussagen zusammenfassen. Aus der Schule kennen wir vielleicht noch die mathematische Grundregel: „Sind zwei Größen einer dritten gleich, so sind sie untereinander gleich." Auf unsere Fragestellung angewendet heißt das: Wenn Jesus und der Vater eins sind und auch Jesus und der Geist eins sind, dann sind auch der Vater und der Geist eins.

Beliebter Vergleich: Wasser

Unsere Vorstellungskraft kommt nur bedingt mit der Dreieinigkeit klar. Vielleicht hilft uns das Wasser als bildhafter Vergleich:Wasser kann bekanntlich in drei Aggregatzuständen auftreten: als Gas (Dampf), Flüssigkeit und Feststoff (Eis). In allen drei Gestalten hat das Wasser unterschiedliche physikalische Eigenschaften und doch ist es immer der gleiche Stoff. Am Gefrierpunkt kann Wasser gleichzeitig als Flüssigkeit und Eis auftreten, am Siedepunkt gleichzeitig als Dampf und Flüssigkeit. Unter bestimmten Druckverhältnissen, am „Tripelpunkt", können sogar alle drei Aggregatzustände gleichzeitig vorhanden sein. Bei allen Versuchen der Veranschaulichung, bleibt es dabei: Gottes Wesen ist ohne jede Parallele auf der Erde. Und doch lässt der Vergleich uns erahnen, dass Gott gleichzeitig Vater, Sohn und Heiliger Geist sein und in diesen drei Gestalten sogar untereinander kommunizieren kann.

Fassen wir zusammen: Der Oberbegriff ist Gott. In seinem Wesen, seiner Identität ist Gott zugleich der Vater, der Sohn und der Heilige Geist. Und doch wirkt er und zeigt sich in den unterschiedlichen Gestalten durchaus verschieden.

Der dreieine Gott und sein Ebenbild, der Mensch

Die drei Personen Gottes sind im Innern miteinander verwoben. „Ich bin im Vater und der Vater ist in mir", sagt Jesus (Johannes 14,10). Nach außen aber treten sie uns Menschen gegenüber unterschiedlich in Erscheinung. Der Sohn äußert sich anders als der Vater und als der Geist. Auch wenn – wie beschrieben – der dreieine Gott mit seinen drei Personen die Schöpfung in Gang gesetzt hat, so erleben wir doch den Vater als den Geber und Erhalter unseres Lebens. Der Geist und nicht der Sohn steuert uns in unserem Alltagsleben. Aber es ist der Sohn und nicht der Vater oder der Geist, der uns durch sein Sterben den Weg zu Gott frei macht. Und doch ist es bei aller Unterscheidung immer derselbe eine Gott, den wir nicht auseinanderdividieren können. Dies soll die linke Grafik auf der nächsten Seite noch einmal verdeutlichen.

Diese Einheit im Innern bei gleichzeitiger Unterschiedlichkeit in den Lebensäußerungen ist nun für das Verständnis der Ehe entscheidend. Der dreieine Gott schafft sich den Menschen als Ebenbild. Wie Gott selbst aus drei Personen besteht, so besteht der von ihm erschaffene Mensch aus zwei Personen, die gemein-

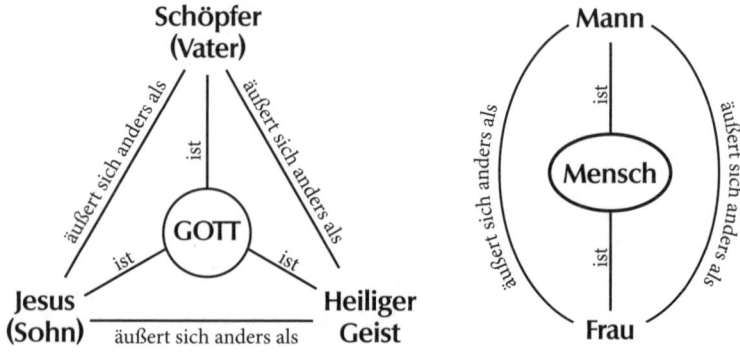

sam den Menschen, das Ebenbild Gottes bilden. Der Dreieinigkeit Gottes entspricht die Zweieinigkeit von Mann und Frau. Und wie Gott selbst sollen Mann und Frau im Innern eins sein in Liebe und gleichzeitig nach außen ihre Unterschiedlichkeit annehmen und gestalten. Das ist die Herausforderung oder richtiger: das Geschenk Gottes.

Unbegreiflich – und doch erfahrbar

Gott wird für uns Menschen immer unbegreiflich bleiben. Je mehr wir über Gott erfahren, desto tiefer begreifen wir, dass Gott in seiner Heiligkeit und seiner Allmacht immer noch völlig andere Dimensionen umfasst, als uns Menschen jemals zugänglich sind. Auch nach einem lebenslangen Studium der Bibel und vielen Jahrzehnten eines Lebens als Christ kommen wir nie zu dem Punkt, dass wir Gott wirklich ganz kennen. Stattdessen werden wir – trotz allem, was wir von Gott erkannt und aus der Bibel gelernt haben – am Ende demütig das Bekenntnis des griechischen Philosophen Sokrates nachsprechen: „Ich weiß, dass ich nichts weiß." Aber zum Glück ist das nicht alles, was wir sagen können.

Neben dieser „Sachebene", bei der es um Gottes Wesen geht, gibt es nämlich noch etwas anderes. Ich nenne es die Beziehungsebene. Weil Gott trotz unserer grundsätzlichen Inkompatibilität Kontakt zu seinen Geschöpfen pflegen will, ergreift er selbst die Initiative und lässt uns alles wissen, was nötig ist, um als sein Gegenüber zu leben. Er offenbart sich, und er sorgt dafür, dass seine Selbstoffenbarung dokumentiert und überliefert wird, nämlich in der Bibel. Dort begegnet er uns sehr persönlich in den drei Personen Vater, Sohn und Geist. Und dort erfahren wir alles, was wir brauchen, um in Beziehung mit Gott zu leben. Die Spannung lässt sich nicht auflösen und muss auch nicht aufgelöst werden. Johannes fasst das gut zusammen, wenn er schreibt (Johannes 1,18): „Kein Mensch hat Gott jemals gesehen. Nur der Eine, der selbst Gott ist und mit dem Vater in engster Gemeinschaft steht, hat uns gesagt und gezeigt, wer Gott ist." Oder wie Jesus selbst es sagt: „Wer mich gesehen hat, hat den Vater gesehen." (Johannes 14,9) Das reicht.

Gottes Vorlage für das Gelingen unserer Ehe

Am Anfang dieses Buches hatte ich die Grundthese aufgestellt: Das Miteinander von Mann und Frau in der Ehe soll ein Abbild des Miteinanders von Vater, Sohn und Heiligem Geist sein. Deshalb können wir für unsere Ehe Grundlegendes davon lernen, wie die drei Personen Gottes, der Vater, der Sohn und der Geist, miteinander umgehen und dabei eins sind.

☞ *Vielleicht möchtet ihr nach dieser Vertiefung noch einmal die ersten Kapitel lesen.*

**Weil ihr nun Gottes Söhne und Töchter seid,
gab Gott euch den Geist seines Sohnes ins Herz.
Der ruft aus uns: „Abba! Vater!"**

Galater 4,6

30 Die Bedeutung des Heiligen Geistes für die Liebe

Es gibt ein schlimmes Missverständnis bezüglich des Glaubens – auch unter Christen. Es setzt bei der Vorstellung an, man müsse aus eigener Kraft, durch Disziplin, Gehorsam und „Bibeltreue" ein neues Leben realisieren. Aber geht das überhaupt? Ich habe Menschen vor Augen, die das versuchen und dabei mit aller Kraft gegen sich selbst anleben. Dabei werden sie verkrampft und freudlos. Schlimmer noch: Da sie auch von anderen den Verzicht erwarten, den sie sich selbst auferlegen, werden sie zu Nörglern, Kritikern und Richtern ihrer Mitchristen. Manchmal versuchen sie, Christus nachzuahmen und christliche Eigenschaften und Tugenden zu leben. Aber es ist nur eine Frage der Zeit, bis die Ernüchterung kommt. Von uns aus sind wir nicht in der Lage, wie Christus zu leben, ganz einfach weil wir nicht so sind wie er. Der Betrug und die Illusion fliegen sehr bald auf. Alles, was wir uns nur antrainiert und äußerlich angehängt haben, verschrumpelt sehr bald und verliert an Glanz und Fülle. Und vor allem wächst nichts Neues mehr nach. Das gilt auch für die Liebe zwischen Mann und Frau. Der Kern des Christseins besteht nämlich nicht in einer Weltanschauung oder einem bestimmten Lebensstil. Vielmehr bedeutet es, in einer intensiven, lebendigen Beziehung zu Gott zu stehen. Durch den Heiligen Geist sendet Gott Impulse, um dadurch unser Leben zu beeinflussen. Gott selbst bringt also durch seinen Geist Dinge in unserer Seele und in unserem Leib in Bewegung.

Einflussnahme durch Gottes Geist

Gottes Geist lässt uns unsere Welt mit Jesu Augen der Liebe wahrnehmen. Er beeinflusst unsere Gedanken und Gefühle. Er lässt uns manchmal großzügig sein, wo wir von unserer Prägung her eher eng und kleinlich sind. Ein anderes Mal macht er uns hellwach und sensibel, wo wir bisher überhaupt kein Problem gesehen haben. Das größte Wunder geschieht, wenn wir uns selbst neu sehen und neu lieben können. So wie wir sind – und nicht so wie wir sein sollten und auch gerne sein möchten. Das hat selbstverständlich enorme Auswirkungen auf meine Fähigkeit, meinen Ehepartner zu lieben. Ich will das an einem Beispiel verdeutlichen:

Ein Mensch stolpert über die Defizite seines Charakters, etwa Zorn. Gottes Geist sensibilisiert ihn dafür, dass dies nicht dem Wesen Christi entspricht und insofern Sünde ist. Der nächste Zornausbruch kann also nicht mehr selbstverständlich und legitim passieren. In dem Moment, wo die Zornesadern anschwellen, flüstert mir Gottes Geist, wenn ich auf ihn höre, zu, dass er jetzt kurzfristig die Regie übernehmen möchte. Tatsächlich erlebe ich, wie meine Gedanken und Gefühle sich verändern. Ich steh ein wenig neben mir und staune selbst, wie ich reagiere. Eine Lektion ist gelernt, nämlich die, dass es auch anders geht. Dabei hatte ich immer gedacht, so bin ich nun einmal und so müssen mich die anderen nehmen. Aber nein, es geht auch anders! Beim nächsten Mal mache ich die gleiche Erfahrung noch einmal. Beim dritten Mal scheitere ich vielleicht, aber ich weiß, dass ich mich mit Gottes Hilfe verändern kann. Deshalb bleibe ich dran und werde mich noch sensibler auf die Stimme des Geistes Gottes ausrichten. So wird Stück für Stück eine Gewohnheit verändert, ein Charakter neu geprägt, eine Persönlichkeit geformt. Nicht weil ich mir so viel Mühe gebe und so diszipliniert bin, sondern weil Gottes Geist seine Frucht an mir wachsen lässt. Um das besser zu verstehen, wollen wir uns genauer mit dem biblischen Menschenbild beschäftigen.

Leib, Seele und Geist

Die Bibel beschreibt den Menschen als ein Wesen aus Leib, Seele und Geist. So schreibt Paulus in seinem Segenswort an die Thessalonicher: „Der Gott des Friedens bewahre euren Geist samt Seele und Leib unversehrt." (1. Thessalonicher 5,23) Bereits im Schöpfungsbericht heißt es: „Gott der Herr machte den Menschen aus einem Erdenkloß, und er blies ihm ein den lebendigen Odem in seine Nase. Und also ward der Mensch eine lebendige Seele." (1. Mose 2,7) Dabei steht die Erde des Ackers für unsere Leibhaftigkeit, und der Odem Gottes ist nichts anderes als sein Geist. Das alles kann hier nur ganz kurz angetippt und genannt werden. In meinem Buch „Biblische Basics" habe ich es ausführlich dargestellt und begründet (W. Kraska: Biblische Basics. Glauben – Verstehen – Erleben. Witten: Bundes-Verlag 2014).

Leib, Seele und Geist bilden – im Bild gesprochen – drei konzentrische Kreise. Der äußerste ist der Leib. Er befähigt uns, in Beziehung zu unserer Außenwelt zu treten. Zu seinem Bereich gehören unser Körper, die Sinnesorgane, unser Tun sowie unsere Triebe einschließlich der Sexualität.

Den mittleren Kreis bildet die Seele. Sie hilft uns, in Beziehung zu uns selbst zu treten und so etwas wie Selbstbewusstsein, Selbsterkenntnis, Selbstbild zu entwickeln. Zu diesem Bereich gehören Wille, Gefühle und Gewissen, aber auch der Verstand.

Der in der Bibel erwähnte Geist ist sozusagen der innere Kern des Menschen. Er darf nicht einfach mit dem Verstand verwechselt werden. Der Geist im Menschen (Römer 8,16; 1. Korinther 2,11) ist für die Beziehung zu Gott zuständig. Er befähigt uns zur Gotteserkenntnis, zum Gottesbewusstsein und zur Kommunikation mit Gott.

Für unseren Zusammenhang wichtig ist nun zu sehen, dass auch die drei Formen der Liebe diesen Ebenen zuzuordnen sind. Zum Leib gehört der Eros, zur Seele die Philia und zum Geist die Agape. Die Frage ist nun: Wo setzt Gott bei uns an, wenn es um die Liebe geht? Das Folgende mag etwas technisch und mechanisch wirken und ist natürlich nur als Bild gemeint. Aber es hilft, denke ich, sich die Zusammenhänge klar zu machen.

Wir kennen die wichtige Aussage ja bereits, dass die Liebe Gottes in unsere Herzen ausgegossen ist durch den Heiligen Geist, den er uns geschenkt hat (Römer 5,5). Das bedeutet, Gott wirkt auf uns ein über seinen Geist. Das hat Einfluss auf unsere Seele und wirkt sich dann auch auf der Ebene des Leibes aus. Gott füllt unseren „Liebestank" mit Agape. Wir wissen uns von ihm bedingungslos angenommen und geliebt. Wir betrachten unseren Partner mit dieser Erfahrung im Rücken und lernen, ihn mit Gottes Augen zu sehen. Das stimuliert die Philia. In unserer Seele entstehen positive Empfindungen, eine neue Sympathie, Dankbarkeit und Freude gegenüber dem anderen. Gefühle der Verliebtheit. Und schließlich macht diese Stimulation auch etwas mit unseren erotischen Wünschen und führt dazu, dass wir neues Verlangen nach dem anderen haben.

Wenn wir Gott um Hilfe für unsere Ehe und Liebe bitten wollen, müssen wir immer wieder bei der Agape ansetzen. Wir können das tun, indem wir ihm für seine Liebe uns gegenüber danken. Und anschließend bitten wir ihn, seine Liebe neu in unser Herz zu gießen, damit wir in der Lage sind, unseren Partner neu zu lieben. Gott hat versprochen, das zu tun. Wir dürfen ihn beim Wort nehmen und gespannt erwarten, was er tut. Er möchte, dass unsere Ehe gelingt und auf sein Wort hin sind wir losgegangen und haben gesagt: Ja, mit Gottes Hilfe.

Noch einmal will ich betonen: Die Agape kann Eros und Philia nicht ersetzen. Wir brauchen alle drei! Ohne eine erfüllende seelische und körperliche Beziehung können die meisten Menschen auf Dauer keine Ehe führen. Zumindest keine Ehe, wie Gott sie sich gedacht hat. Aber die Agape entfaltet ihre Dynamik, indem sie Philia und Eros erneuert und schützt – gerade dann, wenn die Gefühle und die Sexualität auf dem Weg in die Krise sind.

Gott will Anteil an unserem Leben haben. Wenn wir es zu-
lassen und ihn darum bitten, mischt er sich in unser Leben und
in unsere Ehe ein und gibt uns Impulse aus seiner himmlischen
Welt. Er will uns immer wieder neu seine Liebe erleben lassen,
damit unser Liebestank gefüllt ist und wir unserem Partner etwas weiterzugeben haben. Aber er tut das nicht gegen unseren
Willen, sondern er will von uns darum gebeten werden.

Bittet und ihr werdet bekommen!
Sucht und ihr werdet finden!
Klopft an und es wird euch geöffnet!
Denn wer bittet, der bekommt;
wer sucht, der findet;
und wer anklopft,
dem wird geöffnet.

Matthäus 7,7-8

31 Und wenn dies schon unsere zweite Ehe ist?

Vielleicht wollt und müsst ihr dieses Kapitel gar nicht lesen, weil euch das Thema Scheidung und Wiederheirat ganz und gar nicht interessiert und betrifft. Für andere Leser dürfte dieses Kapitel aber umso wichtiger sein. Vielleicht habt ihr die bisherigen Seiten aufgrund eurer eigenen Lebensgeschichte sogar als schmerzlich empfunden. Ich freue mich, dass ihr trotzdem weitergelesen habt und will im Folgenden auf eure Fragen eingehen.

Scheidung kann immer nur eine Not-Lösung sein

Ich habe von Gottes guten Absichten und dem christlichen Ideal der Ehe geschrieben. Aber es gehört natürlich zur Lebenswirklichkeit nach dem Sündenfall, dass es zu Scheidungen kommt. Und das auch unter Christen, die sich sehr bewusst das Ja-Wort vor Gott gegeben haben und die nie daran gedacht haben, dass Scheidung sie selbst einmal betreffen könnte. Bei solchen Menschen entsteht natürlich die Frage, ob Gottes geniale Idee von Ehe für sie überhaupt noch gilt und sich auch in einer zweiten Ehe umsetzen lässt. Oder noch grundsätzlicher gefragt: Ist die Wiederheirat nach einer Scheidung aus biblischer Sicht überhaupt denkbar und gibt Gott seinen Segen dazu? Um das Ergebnis vorwegzunehmen: Ja, Wiederheirat ist möglich. Auch wenn aus biblischer Sicht kein Zweifel daran bestehen kann, dass Scheidung immer eine Katastrophe ist und immer auch mit Schuld zu tun hat.

Solange man die Frage am Schreibtisch klärt, scheint unter Berufung auf die einschlägigen biblischen Texte (Matthäus 5,31 f.; Matthäus 19,1-9; 1. Korinther 7,10-16) alles ganz einfach zu sein. Scheidung ist verboten und Wiederheirat dementsprechend ausgeschlossen. Komplizierter und differenzierter wird es, wenn konkrete Menschen mit ihrer Biografie in den

Blick kommen. Da sind zunächst die ganz normalen Ehen von Christen, die es wirklich ernst mit dem Glauben, der Liebe und der Treue gemeint haben. Und trotzdem stehen sie irgendwann vor dem Scherbenhaufen aus Schuld, Versagen und Schmerz. Alles hätten sie sich vorstellen können, nur nicht dieses Desaster. Daneben gibt es eine Reihe von Spezialfällen: Geschiedene finden zum Glauben und lernen einen gläubigen Partner kennen. Wiederverheiratete kommen erst nach ihrer Hochzeit zum Glauben. Oder Menschen werden Opfer böswilligen Verlassens. Die Schuld ist nämlich keineswegs immer gleich verteilt. Haben sie Pech gehabt und müssen zusätzlich zum Schmerz der Vergangenheit nun auch auf eine glückliche Zukunft zu zweit verzichten? – Sollte das wirklich das Anliegen von Jesus und der Sinn seiner Worte sein?

Die Bibel legt sich selbst aus

Wir haben uns bereits im Kapitel 7 mit der Auslegung von Matthäus 19,1-12 beschäftigt. Dabei habe ich darauf hingewiesen, dass sich die ganze Diskussion nicht um die Scheidung als solche dreht. Vielmehr geht es um die Frage, ob jeder beliebige Grund ausreicht, um einen „Scheidebrief" auszustellen. Nein, sagt Jesus. Wenn überhaupt, dann ist nur der Ehebruch ein legitimer Grund zur Scheidung. Aber sein eigentliches Thema ist die Hinterlist von Männern, die ihre Frau loswerden wollen. Zielgruppe Jesu sind die Pharisäer und auch die Jünger (siehe ihre Reaktion in Vers 10!). Jedenfalls allesamt selbstbewusste Männer, die Angst um ihre Privilegien haben. Jesus spricht hier aber nicht zu verzweifelten, misshandelten, gescheiterten Menschen, die an eigener und fremder Schuld leiden und an ihrer Ehe zugrunde gehen.

Hat Jesus mit seiner Antwort für alle Zeiten festgelegt, dass es nur eine einzige Ausnahme von der Grundregel gibt, nämlich den Ehebruch? – Das könnte man bei oberflächlicher Betrachtung so verstehen. Aber die Bibel legt sich selbst aus. Und sie gibt uns bei näherem Hinsehen eine andere Antwort. Interessant ist nämlich, dass Paulus in seinen Missionsgemeinden eine neue Situation klären muss. Paulus versteht Jesus aber offenkundig nicht so, als habe der festgelegt, dass es nur den einen, nämlich den von Jesus selbst genannten Grund des Ehebruchs geben dürfe. Ohne sich direkt auf Jesus berufen zu können, nennt Paulus einen zweiten legitimen Grund und macht damit deutlich: Es geht nicht um eine neue Liste der akzeptablen Scheidungsgründe. Vielmehr geht es darum, die von Jesus beschriebenen Möglichkeiten des angebrochenen Reiches Gottes zu verstehen und sich ganz neu an Gottes ursprünglichen Absichten zu orientieren (siehe Kapitel 7).

Dies wendet Paulus auf eine Fragestellung der Korinther an. Wenn bei der Ehe eines Christen mit einem Nichtchristen der ungläubige Teil die Scheidung will, so rät Paulus geradezu zur Scheidung. Er schreibt: „Wenn aber der ungläubige Teil auf der Trennung besteht, dann gebt ihn frei. In diesem Fall ist der christliche Teil, Mann oder Frau, nicht an die Ehe gebunden. Gott hat euch zu einem Leben im Frieden berufen." (1. Korinther 7,15) Wichtig ist auch das Ziel, das er formuliert. Es geht nicht um das penible Einhalten von Paragraphen, sondern um den Frieden, den Shalom Gottes. Damit ist gemeint, dass Menschen heil, unversehrt und lebensfähig sind. Das ist der Wille Gottes, sagt Paulus.

Gottes Plan B mit uns

Das bedeutet für uns: Scheidung ist immer nur eine Not-Lösung, keine wertfreie Option. Aber manchmal ist sie unumgänglich, um Schlimmeres, nämlich den Zerbruch von Menschen zu verhindern. Wo Scheidung aber verantwortbar oder um des Friedens willen sogar geboten ist, wo das Leben vor Gott neu geordnet und Schuld vergeben wird, da ist auch ein Neuanfang unter Gottes Segen möglich. Ein Mensch aber, der sich aus legitimen Gründen als frei bezeichnen darf, der ist nicht nur frei von seiner bisherigen Ehe, sondern auch frei, seine Zukunft neu zu gestalten und auch neu zu heiraten.

Allerdings sollte man auch bedenken, dass dies in aller Regel eines intensiven Prozesses der Aufarbeitung bedarf. Es reicht nicht, sich eine Zeitlang wegzuducken und danach eine neue Beziehung anzufangen. Der eigene Anteil am Scheitern der Ehe muss klar analysiert und benannt werden. Die eigene Schuld muss vor Gott bekannt werden, damit ich Vergebung erfahren kann. Ich kann mich nicht selbst freisprechen, indem ich die Vergangenheit verharmlose und mein Verhalten schönrede. Ich brauche die Vergebung aus Gottes Mund, wie sie mir besonders deutlich in 1. Johannes 1,8-9 zugesprochen wird: „Wenn wir behaupten: ,Wir sind ohne Schuld', betrügen wir uns selbst und die Wahrheit lebt nicht in uns. Wenn wir aber unsere Verfehlungen eingestehen, können wir damit rechnen, dass Gott treu und gerecht ist: Er wird uns dann unsere Verfehlungen vergeben und uns von aller Schuld reinigen."

Alte Wunden müssen analysiert und behandelt werden, damit sie heilen können. In Kapitel 20 habe ich ausgeführt, wie wichtig es ist, erlittene Schuld zu vergeben, um wieder nach vorne schauen zu können. All das braucht seine Zeit! Unter Umständen braucht man die Hilfe eines Seelsorgers, um wieder beziehungs- und ehefähig zu werden. Ich kenne viele positive Beispiele, dass Wiederverheiratete in einer zweiten Ehe sehr glücklich geworden sind. Leider habe ich aber auch Menschen vor Augen, die ein zweites und drittes Mal geschieden wurden. Als Außenstehender hat man den Eindruck, dass die Scheidung nicht wirklich aufgearbeitet und nichts aus den Fehlern der Vergangenheit gelernt worden ist.

Trotzdem gilt: Die Bibel ist voll von Geschichten, in denen Gott nach einem Crash einen Neuanfang gewährt und mit Plan B weitermacht. Plan B ist nie so gut, wie Plan A hätte werden sollen. Aber er ist ungleich besser, als alles, was sich Menschen in einer Ehe antun, die längst zerbrochen ist. Deshalb gilt dieses Buch auch für alle Paare, die gerade mit Plan B unterwegs sind. Vielleicht haben Sie sogar noch mehr Gewinn als andere davon, weil Sie aus eigener Betroffenheit wissen, wie wichtig die permanente Arbeit an der Ehe ist.

Ich schaffe jetzt etwas Neues!
Es kündigt sich schon an,
merkt ihr das nicht?
Ich werde eine Straße
durch die Wüste legen
und lasse dort Ströme fließen.

Jesaja 43,19

32 Wo kommt das Standesamt in der Bibel vor?

„Wer sagt eigentlich, dass man unbedingt zum Standesamt gehen muss? Wir lieben uns und meinen es ernst. Wir vertreten doch keine liberal ausgelebte Sexualität nach dem Motto ‚Sex als Hobby'. Wir wollen zusammen bleiben und später durchaus auch heiraten. Also: Wo steht die Sache mit dem Standesamt eigentlich in der Bibel? – Ist das nicht nur gesellschaftliche Konvention, die sich längst überholt hat?" So fragen auch viele Christen. Die Fragen zu stellen ist vollkommen in Ordnung. Deshalb sollen sie auch hier sorgfältig beantwortet werden.

Nicht nur Privatsache

Die Liebe zweier Menschen einschließlich ihrer Sexualität ist in keiner Gesellschaft der Welt ausschließlich Privatangelegenheit der Betroffenen. In allen Kulturen findet sich das Bemühen, für das Miteinander von Mann und Frau einen allgemein verbindlichen rechtlichen Rahmen zu schaffen. In unserer Gesellschaft ist dies in der Regel die Trauung auf dem Standesamt. Vergleichbare Vorgänge gab es auch in den verschiedenen Epochen, von denen wir in der Bibel lesen. Auch wenn sich die jeweilige Gestalt im Laufe der Jahrtausende natürlich geändert hat. Wichtig ist vor allem, das Anliegen hinter den verschiedenen Ritualen zu verstehen.

Rechtssicherheit durch die Verlobung

Das Alte Testament unterscheidet ebenso wie das Neue Testament klar zwischen den drei Personengruppen Unverheiratete, Verlobte, Verheiratete (vgl. 2. Mose 22,15 f.; 5. Mose 22,28-29 u. a.). Anders als in unserer Gesellschaft, in der eine Verlobung ausdrücklich die Möglichkeit der Trennung einschließt, bedeutete sie in biblischer Zeit die Verpflichtung zur Eheschließung. Sie stellte einen rechtlich verbindlichen Vertrag dar und wurde durch die Zahlung eines Brautpreises (mohar) besiegelt. Dieser konnte aus Gütern und Geld, ersatzweise aber auch aus Dienstleistungen bestehen (vgl. Isaak und Rebecca: 1. Mose 24; Jacob und Rahel: 1. Mose 29; David und Michal: 1. Samuel 18,25; Boas und Rut: Rut 4). Das Gegenstück dazu war die Mitgift der Braut (Josua 15,17-19), denn natürlich wurde eine Braut nicht einfach verkauft.

Öffentlichkeit durch die Hochzeit

Mit mehr oder weniger zeitlichem Abstand folgte die Hochzeit, die vor allem den Charakter der Öffentlichkeit trug. Sie wurde als „Heimholung" (haknasah) der in der Verlobung versprochenen Braut gefeiert. Dabei wurde die festlich geschmückte Braut in einem Festzug ihrem Bräutigam entgegen geführt. Die sich anschließenden Feierlichkeiten mit Tanz, Musik und gutem Essen („Hochzeitsmahl") dauerten eine Woche. Der Bericht von der Hochzeit zu Kana (Johannes 2) und das Gleichnis von den Brautjungfern (Matthäus 25,1 ff.) geben uns Einblicke in die Stimmung und Bräuche in neutestamentlicher Zeit.

Sexualität

Erst nach dieser „Heimholung" hatte die sexuelle Gemeinschaft der Brautleute ihr Recht und ihren Platz. Auch für Maria, die mit Joseph verlobt ist, ist es völlig unvorstellbar, mit Joseph bereits vor der Hochzeit intim zusammen zu sein. Entsetzt fragt sie den Engel: „Wie soll das geschehen, da ich doch von keinem Mann weiß?" (Lukas 1,34) Gemäß dem Gebot Gottes sollte eine Frau als Jungfrau in die Ehe gehen. Der Ehemann hatte einen Anspruch darauf und konnte seine Frau verstoßen, wenn sich herausstellen sollte, dass sie schon mit einem anderen Mann verkehrt hatte. 5. Mose 22,13-21 zeigt, dass den Brauteltern die blutbefleckte Decke, auf der in der Hochzeitsnacht geschlafen wurde, als Beweisstück ausgehändigt wurde. Das diente dazu, späteren Verleumdungen durch den Ehemann vorzubeugen. Männer wie Frauen, die außerhalb ihrer Ehe Geschlechtsverkehr hatten, wurden mit harten Strafen bis zur Todesstrafe belegt (3. Mose 20,10; Johannes 8,1 ff.).

Außerehelicher Geschlechtsverkehr als Sünde

So unpopulär es klingt: Alle sexuellen Beziehungen außerhalb der Ehe – egal ob mit oder ohne Absicht späterer Heirat – sind für die Bibel Sünde. Das Neue Testament bezeichnet sie als „porneia", d.h. Hurerei, Unzucht. Natürlich ist „porneia" nicht die einzige Sünde. Geiz und Habsucht werden in der Bibel ähnlich scharf verurteilt. Aber kaum ein Bereich prägt die Persönlichkeit eines Menschen so tief und nachhaltig, wie seine Sexualerfahrungen. Außerdem handelt es sich hierbei um einen individuell gestaltbaren Bereich, in dem darum die Verantwortlichkeit des Einzelnen besonders hoch ist. Wohl deshalb wird sexuelle Sünde in der gesamten Bibel so ausführlich behandelt. Wie andere Sünde kann auch sexuelle Verfehlung von Gott vergeben werden – wenn sie als Sünde eingesehen und bekannt und anschließend nicht fortgesetzt wird (Johannes 8,1-11). Das Neue Testament lässt aber keinen Zweifel daran: Ohne eine solche Abkehr schließt „porneia" (wie auch Habsucht!) vom Reich Gottes aus (vgl. Galater 5,19 ff.; Epheser 5,3 ff.; Offenbarung 22,15). Das heißt: Man kann nicht bewusst daran festhalten und meinen, Gottes Ja dazu zu haben.

Der Beginn der Ehe

Ehe beginnt aus biblischer Sicht also weder mit der privaten Ver-einbarung zweier Menschen noch mit dem ersten Geschlechts-verkehr, wie manchmal behauptet wird, sondern mit der rechtsgültigen Eheschließung. Das Anliegen der Bibel ist klar erkennbar und besteht, wie bereits dargelegt, in Rechtssicherheit und Öffentlichkeit. Sobald diese hergestellt werden, ändert sich sehr viel für das Paar.

Rechtssicherheit: Die Liebenden sollen füreinander verbindlich eine Verantwortung übernehmen, die vom Recht der Gesell-schaft geschützt wird. Wer heiratet, wird andere Entscheidungen treffen, als wenn er Single bliebe. Die eigenen Ausbildungs- und Berufspläne sehen anders aus, insbesondere wenn man eine Familie gründet und für gemeinsame Kinder manches Opfer bringt. Man geht bewusst berufliche Risiken ein oder verzich-tet auf die Wahrnehmung eigener Chancen. Man investiert die eigenen Ressourcen in die gemeinsame Zukunft. Die Blöße, die Eheleute sich dadurch geben, muss gegen Ausnutzung und Miss-brauch geschützt werden.

Öffentlichkeit: Die Eheschließung schafft für alle Beteiligten Klarheit. Zunächst für das Brautpaar. Die Zeit der vielen Opti-onen ist vorbei. Es gibt vielleicht noch manchen anderen inte-ressanten Menschen, mit dem man sich auch ein Zusammen-leben vorstellen könnte. Aber jetzt ist die Entscheidung gefallen, und ich habe mich festgelegt. Das hilft mir, andere Spuren gar nicht weiter zu verfolgen. Und für das Umfeld bedeutet es, dass der Mann und die Frau in eine einzigartige Beziehung zueinan-der getreten sind, die zu respektieren ist und in die kein Dritter eindringen darf. Jeder weiß, dass die Braut und der Bräutigam „vergeben" sind und dass es keinen Sinn macht, weiter um sie zu werben. Die offizielle Eheschließung hat also eine wichtige Schutzfunktion für die Ehe. Auch wenn das leider nicht immer und von jedem respektiert wird.

Die Ehe als Gottes gute Ordnung

Sicher ist es richtig, dass ein wichtiges Ziel der biblischen Ordnung im Schutz der Frau und der Verhinderung von außerehelichen Kindern besteht. Insofern kann man die Frage stellen, ob sich diese Rechtsordnungen angesichts der Emanzipation der Frau und den Möglichkeiten der Verhütung nicht überlebt haben. Aber diese eher zweckorientierte Sicht verkennt die Dimension, die die Bibel in der sexuellen Vereinigung sieht. Das eigentliche Geheimnis beschreibt der Schöpfungsbericht als „ein Leib werden". Das geht tiefer und meint mehr als Lust und Fortpflanzung (vgl. 1. Mose 2,24 und zur Vertiefung 1. Korinther 6,15-20). Gottes Ordnung hat nicht primär die Verhinderung von etwas im Blick. Sie ist nicht negativ, sondern positiv angelegt und zielt auf das Gelingen von menschlicher Sexualität. Gott hat sie als etwas Gutes und Schönes geschaffen, das ich froh und dankbar annehmen und ausleben kann. Zugleich aber hat der Erfinder der Sexualität in seiner Weisheit auch Rahmenbedingungen gegeben, innerhalb derer sie gelingen soll, nämlich die Ehe: Ein Mann und eine Frau – Gemeinschaft in allen Dingen – in einer lebenslangen, verlässlichen Beziehung (1. Mose 1,27-30; 1. Mose 2,18.21-24). Die Ehe – und nur sie – will er für Paare. Und nur die Ehe will er segnen. Zu dieser Ehe aber gehört ein klarer Anfang, der Rechtssicherheit und Öffentlichkeit herstellt.

Christen leben anders

In allen Lebensbereichen ist zu beobachten, dass biblische Wertmaßstäbe in unserer Gesellschaft als nicht mehr zeitgemäß abgelehnt werden. Dieser Vorgang ist die logische Folge der allgemeinen Entfremdung vom christlichen Glauben und kann nicht überraschen. Als Christen müssen wir deshalb Abschied von dem Gedanken nehmen, der Staat wolle oder könne biblischen Normen Geltung verschaffen. Dass etwas vom Gesetz nicht verboten ist und von allen getan wird, ist kein Hinweis darauf, dass es deshalb auch vor Gott in Ordnung ist. Oder anders gesagt: In immer mehr Bereichen wird das, was die Bibel Sünde nennt, von der Gesellschaft für normal gehalten, vom Gesetz erlaubt, vielleicht sogar vom Staat ausdrücklich gefördert. Aber als Christen möchten wir unser Leben an der Bibel als dem Wort Gottes ausrichten. Wir wissen, wer kein Christ ist, wird anders leben als wir, und wir leben anders als Nichtchristen. Dies ist Ausdruck unseres Glaubens und macht unsere Identität aus.

**Ihr habt euch ja lange genug
an dem Treiben der Menschen beteiligt,
die Gott nicht kennen.
Jetzt wundern sich die anderen,
dass ihr bei ihrem zügellosen Treiben
nicht mehr mitmacht,
und beschimpfen euch deswegen.**

1. Petrus 4,3-4

So ein Buch kann man nicht alleine schreiben

Wenn man ein Buch schreibt, braucht man immer jemanden, der das Manuskript kritisch durchliest und auf sachliche Fehler und logische Lücken überprüft. Da ich schon mehrere Sachbücher verfasst habe, ist das für mich selbstverständlich. Aber diesmal war es noch viel wichtiger als sonst. Die Rückmeldungen der Erst- und Korrekturleser haben mir deutlich gemacht, wie sehr jeder seine eigenen Erfahrungen, Vorstellungen und Befürchtungen beim Lesen mit einbringt. Ich war erstaunt, wie unterschiedlich man Sätze verstehen kann, wo ich überzeugt war, ich hätte eindeutig formuliert. Ein Ehebuch ist eben doch kein normales Sachbuch. Es ist ein Buch, in dem man selbst vorkommt und das beim Lesen etwas mit einem macht. So wird es hoffentlich auch den Lesern gehen.

Deshalb bin ich sehr froh und dankbar, dass sich eine Reihe von Freunden und Bekannten – alle bewusste Christen – bereitgefunden haben, das Manuskript vorab zu lesen. Das Altersspektrum reicht etwa von 20 bis 50 Jahre. Es sind Menschen dabei, die sehr früh geheiratet und solche, die sich erst in späteren Jahren gefunden haben. Es sind Unverheiratete, Paare mit und ohne Kinder, aber auch Menschen, die bereits eine Scheidung hinter sich haben oder in Trennung leben.

Gelegentlich vermisste jemand Aspekte, die ihm in seiner Situation besonders wichtig waren. Oder er fühlte sich durch zu scharfe Formulierungen provoziert. Und manchmal kam auch der Vorschlag, einen Absatz doch lieber wegzulassen. – Ich danke euch allen für eure kritischen Anmerkungen, Korrekturen und Ergänzungen. Ihr habt das Buch durch das Einbringen eurer Erfahrung und Sichtweise deutlich bereichert. Auch wenn ich nicht alle eure Anregungen übernehmen konnte und wollte.

Ihr – das sind Axel und Christine, Isabelle und Ruben, Reiner, Friederike und Sebastian, Franziska und Dennis, Doro und

Wolfgang. Letzteren will ich noch einmal besonders erwähnen, weil Wolfgang Zachmann als Eheberater und Psychotherapeut mit eigener Praxis so etwas wie mein Fachberater war. Er hat vor allem darauf geachtet, dass meine Antworten und Ratschläge nicht zu vorlaut und zu fromm daherkommen.

Ja, und dann war da natürlich noch meine Frau Dorothea. Ohne sie und die rund 40 Jahre Ehe mit ihr hätte ich ja gar nichts zu berichten gehabt. Selbstverständlich hat auch sie ihre Anmerkungen gemacht und ihr O.K. zu dem gegeben, was ich über uns geschrieben habe. Vielen Dank, mein Schatz. Ich liebe dich!

Wolfgang Kraska, im Sommer 2016

Liebe _____ ,

weißt du eigentlich, was du mir bedeutest?
Du bist

Ich will dir aufs Neue versprechen,

Ich wünsche mir für unsere
gemeinsame Zukunft

Dein _____

Lieber _____ ,

weißt du eigentlich, was du mir bedeutest?
Du bist

Ich will dir aufs Neue versprechen,

Ich wünsche mir für unsere
gemeinsame Zukunft

Deine _____

Wolfgang Kraska

Jahrgang 1952,
verheiratet mit Dorothea;
vier Kinder, acht Enkel.
Theologiestudium an der heutigen
Theologischen Hochschule Ewersbach
und den Universitäten Bochum
und Marburg.
Jugendpastor in der
FeG Lüdenscheid (1976-80);
danach Gemeindepastor in den
FeG Hamburg-Sasel (1980-90),
Witten (1990-2003)
und Karlsruhe (seit 2003)
Schreibt regelmäßig Andachten
für SWR1 und SWR4,
Artikel für christliche Zeitschriften und
Bücher zu verschiedenen Themen.